KB252699

STB 상생방송 『환단고기』 북 콘서트

# 인류문명사 최초의 계시록, 천부경

# The Celestial Code
## Ancient Wisdom from *Cheonbu Gyeong*

[한영대역]
STB상생방송 환단고기 북 콘서트 [연세대편]

# 인류문명사 최초의 계시록, 천부경

| | |
|---|---|
| 발행일 | 2026년 3월 3일 초판 1쇄 |
| 저　자 | 안경전 |
| 번　역 | 상생문화연구소 영어번역팀 |
| 발행처 | 상생출판 |
| 발행인 | 안경전 |
| 주　소 | 대전 중구 선화서로 29번길 36(선화동) |
| 전　화 | 070-8644-3156 |
| F A X | 0303-0799-1735 |
| 홈페이지 | www.sangsaengbooks.co.kr |
| 출판등록 | 2005년 3월 11일(제175호) |
| ISBN | 979-11-91329-62-9 |
| | 979-11-91329-11-7 (세트) |

STB 상생방송 『환단고기』 북 콘서트 연세대편

# 인류문명사 최초의 계시록, 천부경

## The Celestial Code
### Ancient Wisdom from *Cheonbu Gyeong*

안경전·Ahn Gyeong-jeon | 지음

상생출판

# 차 례

# Contents

안경전安耕田 종도사는 개벽문화와 빛꽃 수행문화를 열어가는 증산 도의 최고 지도자다. 한민족과 인류의 시원역사와 원형문화를 밝히고 방대한 주해와 해제까지 붙인 『환단고기』 번역·역주본(상생출판, 2012)을 출간하였다.

Ahn Gyeong-jeon, a leading authority on East Asian cosmology and the spiritual head of Jeung San Do, has devoted his life to illuminating the philosophies of *gaebyeok* (cosmic transformation) and *sangsaeng* (mutual life-enhancement). Based on the conviction that humanity's future is rooted in its primordial origins, he has led a long-term research initiative with the Sangsaeng Research Institute to recover lost history. A landmark of this effort was his 2012 publication of the fully translated and annotated edition of *Hwandan Gogi*, a definitive work that restores the spiritual memory of humanity's earliest civilization. Through his research, global speaking tours, and the STB broadcasting network, he continues to share ancient wisdom as a practical guide for modern challenges, embodying the universal principle of *sangsaeng*.

## 안경전安耕田 종도사

Ahn Gyeong-jeon
The Jongdosanim (Spiritual Head) of Jeung San Do

2014년 12월 6일 (일요일) 연세대학교 위당관에서 진행한
〈환단고기 북 콘서트〉 현장

Scenes from the *Hwandan Gogi* lecture, December 6, 2014,
Widang Hall, Yonsei University.

世界桓檀學會誌
창간호
ISSN 2383-7829(01)
2014
세계환단학회 연례학술회의

## 일러두기

　인류 역사의 거대한 흐름 속에는 천상과 지상이 하나로 맞닿아, 시대를 초월한 지혜가 탄생하는 경이로운 순간들이 있습니다. 천부경의 출현은 바로 그러한 순간을 상징하는 사건입니다. 문명의 여명기에 인류에게 전해진 이 하늘의 선물은, 우주의 질서 속에서 인간의 본질과 위치를 깊이 깨닫게 해주는 나침반이 되어주었습니다.

　본서는 동양 우주론의 권위자이자 증산도 최고 지도자로서, 인류 초기 문명의 잃어버린 영적 기억을 되찾기 위해 평생을 헌신해 온 안경전 종도사님의 명강연을 바탕으로 구성되었습니다.

　2014년 12월 6일 연세대학교에서 개최된 '환단고기 북콘서트'의 정수를 담은 이 책은, 우주의 통치자이신 삼신상제님께서 내려주신 81자의 성스러운 가르침이 어떻게 지상 신성 문명의 기틀이 되었는지, 그 비범한 유산을 깊이 있게 탐구합니다. 독자들은 이 고귀한 계시를 통해 천상의 원리가 현실 세계 속에 구현되는 과정을 마주하며, 인류 정신사의 새로운 지평을 경험하게 될 것입니다.

　이 강연집을 통해 여러분을 영원불변한 진리의 탐구로 초대합니다. 이 여정 속에서 우주적 질서와 연결된 진정한 나를 발견하고, 천부경이 수천 년간 밝혀온 인류 의식의 위대한 흐름에 함께하시기를 기원합니다.

2026년 2월<br>
상생출판 편집부

# Note to the Reader

In the vast tapestry of human history, there are moments when the divine and earthly realms converge, birthing wisdom that echoes through millennia. The revelation of *Cheonbu Gyeong* is one such moment. It stands as a celestial gift that emerged in the earliest chapters of human history, offering humanity a profound vision of its place in the cosmic order.

The extraordinary legacy of this revelation is explored in this volume, "The Celestial Code: Ancient Wisdom from *Cheonbu Gyeong*." The work is guided by the lifelong dedication of Ahn Gyeong-jeon, a leading authority on East Asian cosmology and the spiritual head of Jeung San Do, who has devoted decades to recovering the lost spiritual memory of humanity's earliest civilizations. Based on his landmark lecture delivered at Yonsei University on December 6, 2014, as part of the *Hwandan Gogi Lecture Series*, this book reveals how eighty-one sacred words, bestowed by Samsin Sangjenim, the sovereign of the cosmos, laid the foundation for a divine civilization on earth.

In presenting this volume, we invite readers to explore these timeless teachings, thereby discovering their own connection to the divine order and participating in the ongoing unfolding of human consciousness that *Cheonbu Gyeong* has inspired for nine thousand years.

*Sangsaeng Publishing Editorial Department*
*February 2026*

○ 한글 대역본의 한국어와 영어 내용이 일부 서로 다르게 보일 수 있습니다. 이는 영문 번역 과정에서 소제목이나 일부 표현을 영어 독자에게 더 자연스럽게 전달하기 위해 편집·조정한 부분이 있기 때문이며, 전체적인 의미와 흐름은 동일합니다.

# 프롤로그


우주진리의 선언서, 천주의 노래, 천부경


인류 창세 문명의 여명이 밝아오던 저 아득한 일만 년 전,
역사는 '천부'로써 개벽되었다.
삼신상제님의 여든한 자 가르침,
천부경을 통해 비로소 인류의 광명한 황금시절,
천부의 시대는 개막되었다.


대우주의 통치자 삼신상제님께서 인류에게 내려주신 최초의 계시록.
천부경은 우주 운행의 이치를 밝혀주는 우주경전이요,
절묘한 숫자의 조화로 돌아가는 역사와 문화와
모든 진리의 근원을 품은 우주 수학의 원전이다.


천부경 여든한 자, 열 개 숫자에는
인류가 목말라 하는 모든 진리의 주제,
동서양의 뭇 종교와 사상의 뿌리가 담겨있다.


'인류의 가장 오랜 나라 – 환국'의 환인 천제로부터
환웅으로 계승된 천부경은
동서를 가림 없이 나라와 사람을 다스리는 이법이 되고,
사람들 저마다의 생활과 기도의 주제가 되었다.
동서의 누구도 천부경의 가르침에 제 삶을 온전히 의탁했다.

# Prologue

Nine thousand years ago, at the rise of human civilization, a celestial revelation unfolded, a sacred message composed of eighty-one words. Embedded within these words were ten symbolic numbers, offering humanity a profound understanding of the divine order that governs the universe, from the movements of celestial bodies to the unfolding of historical cycles. Bestowed by Samsin Sangjenim, the sovereign of the great cosmos, this revelation inaugurated a sacred civilization on earth, an era of illumination and harmony often described as a golden age for humankind. This celestial message resonated across a vast expanse of time and across the globe, transcending boundaries to inspire religious and philosophical traditions among diverse cultures throughout history.

Originally transmitted orally from the emperors of Hwanguk (7197–3897 BCE, considered by Korean tradition to be the earliest human civilization) to the rulers of Baedal (3897–2333 BCE, the first Korean nation), this teaching was eventually recorded in written form and came to be known as *Cheonbu Gyeong*, or *"The Scripture of the Heavenly Code."* Through its recitation, individuals sought alignment with the light of heaven and earth, discovering joy and purpose by awakening their own inner divinity.

Another transformative moment in this spiritual lineage came approximately four thousand years later, during the Baedal era. A sage named Bokhui, having attained deep wisdom through these teachings, received a vision after conducting a sacred ritual on Mt. Baekdu. He witnessed a dragon-horse emerging from the Heavenly River, its back

천부경은 모든 이가 그 뜻에 맞추어 살아간 소의경전所依經典이었다.

사람들은 생애 수 천만 번, 수 억 번씩 천부경 구절들을 암송하며

자신 안에 깃든 하늘의 광명, 땅의 광명, 우주의 광명을 체험했다.

내 본래의 신성을 찾고 우주광명을 체험하고

언제나 광명 속에 살아가는 삶,

그것이야말로 모든 이에게 가장 소중한 일이요, 즐거움이었다.


그로부터 4천 년 후, 천부경의 가르침을 온전히 깨달아

널리 세상을 이롭게 한 성자가 동방 배달국에 출현했으니,

곧 태극 팔괘를 지으신 태호복희씨다.

그가 삼신상제님께 백두산에서 천제를 올리고

위대한 우주수학의 경전 한 본을 또다시 내려 받으니,

이것이 용마하도龍馬河圖다.

천부경의 강력한 계시는 용마하도의 정교한 이치로써

인류문명사에 펼쳐졌다.


사람은 우주의 광명을 고스란히 간직한 빛의 존재이며 우주적 존재다.

천지간 그 무엇보다 존귀한 존재인 인간,

홍익인간의 도를 깨우친 우주인간이

광명한 역사를 펼쳐간다는 가르침은

이미 저 일만 년 전 천부경으로 선언되었다.

신과 인간과 우주는 다만 광명함으로 혼연일체 되어 있음을

깨닫게 해주는 삼신상제님의 놀라운 가르침인

천부경의 비밀을 여는 자, 진정한 대한인大韓人으로 거듭나리라!

emblazoned with mystical patterns. This divine revelation inspired Bokhui to create Hado ("Diagram from the River") and subsequently develop the Eight Trigrams, an eight-fold cosmic system that further clarified the wisdom contained in the original scripture.

What these sacred teachings ultimately reveal is that humans possess an inherent dignity and cosmic significance—that we are, in essence, conscious participants in the grand cosmic dance. *Cheonbu Gyeong* reveals the remarkable truth conveyed by Samsin Sangjenim: that heaven, earth, and humanity are one in their radiance. It invites us to awaken our inner light and live in harmony with the cosmic order. May its wisdom guide you to uncover your true nature, and may your light in turn bring illumination to the world.

*Ahn Gyeong-jeon*

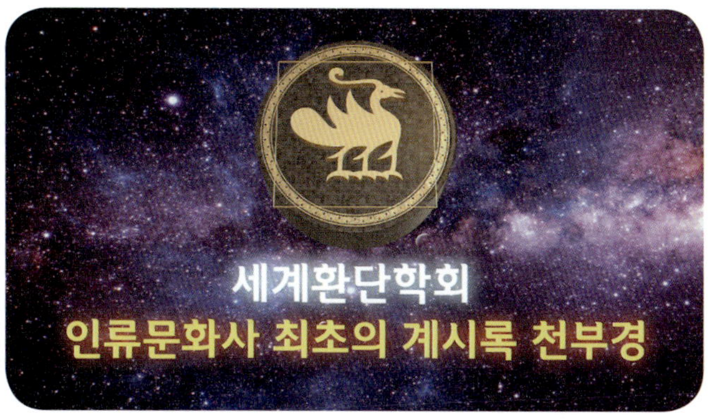

# 제1장

# 천부경이 밝히는 시원 역사·문화 정신

먼저 감사의 말씀을 올리고자 합니다.

차가운 주말의 날씨에도 이 자리에 함께 해주신 모든 분들께 다시 한 번 깊은 감사의 말씀을 올립니다. 오늘 연세대 교수였던 위당爲堂 정인보鄭寅普 (1893-1950) 선생님을 생각하면서 인류 문화 원전에서 가장 소중한 천부경에 대해 알아보겠습니다. '천부경이란 어떤 경전인가?'

우리가 다시 한 번 생각해 보아야 할 것은 우리 인생과 대자연, 역사와 인류 문명의 현실, 그 본질의 문제입니다. '역사에 만약 목적이 있다면 그것은 무엇인가? 과연 인간의 역사에 목적이 있을 수 있는가?' 천부경은 이런 진리의 근원 문제를 총체적이고도 아주 쉽게 자연수의 이치로 밝혀줍니다. 천부경을 통해 『환단고기』의 역사와 문화정신은 무엇인가에 대해서 큰 줄거리를 좀 빠른 속도로 전개해 보기로 하겠습니다.

### 천부경으로 살펴보는 『환단고기』의 역사·문화 정신

크로체(1866~1952)는 "모든 역사는 현재사"라고 했습니다. 모든 역사는 현재사입니다. 우리 한민족은 고대사의 시원문화, 원형문화를 잃어버렸기 때문에 그 악업으로 근대사 또한 철저히 왜곡되어 있습니다. 역사를 바라보는 두 눈, 근대사와 고대사를 보는 두 시각, 그 근본이 잘못되어 있기 때문에 우리 한민족에게는 우리 자신과 동시에 인류의 역사 현실, 또 역사의 과거와 미래를 들여다볼 수 있는 냉철하고도 성숙한 역사관이 부재하다고

# Eighty-One Sacred Words That Shaped the World

## Rediscovering Ancient Wisdom

We stand at a crossroads, for now has come the time for us to reexamine fundamental questions concerning life, the cosmos, the essence of existence, and humanity's journey from past to future. Where is this journey leading us?

Throughout history, humanity's greatest sages and seers have sought to understand the fundamental structure of reality and our place within it. Their insights, preserved in symbols and sacred texts across cultures, point to universal principles that transcend geographical and temporal boundaries. At the heart of this ancient wisdom tradition lies *Cheonbu Gyeong, "The Scripture of the Heavenly Code,"* a remarkable text that illuminates the essential questions of our existence, the natural world, and human civilization through a framework of simple numerical symbols, making the profound accessible to all.

Yet, these insights gleaned by history's great sages and seers remain largely unknown to the modern world. As historian Benedetto Croce observed, "All history is contemporary history," so we inevitably interpret the past through our own time's lens. This has proven particularly problematic for Korea's ancient wisdom traditions, which have been systematically diminished by colonial attitudes that persist in shaping historical understanding. Such devaluation has obscured Korea's contributions to world civilization while blocking access to the universal truths preserved in texts like *Cheonbu Gyeong*.

할 수 있습니다.

한국의 본래 고대사를 찾아 실제 문헌사학이나 동북아의 이웃인 중국과 일본의 역사 현장을 살펴보면서 우리는 놀라운 시원문화, 소위 원형문화가 살아 생동하는 모습에 '중국, 일본과 우리는 본래 한 형제, 한 가족이었구나' 하는 것을 수없이 절감했습니다.

그러나 현재 한중일의 역사 진실이 왜곡, 조작되어서 지금은 말할 수 없을 정도로 회복 불가능한 상처를 계속 입고 있습니다. 이제 이 어둠을 거두는 마지막 역사 전쟁의 마지막 절정을 향해서 달려가고 있습니다.

한국 역사, 문화의 현주소에서 가장 소중한 것은 밑동 뿌리가 잘려나간 동방 문화의 주인공이었던 우리 한국인의 시원 역사와 원형문화를 되찾고 회복하는 것입니다.


### 원형문화의 핵심, 상징주의에서 찾는다

원형문화란 무엇인가? 원형문화의 핵심, 그 문화정신은 무엇인가?

우리가 지구촌을 여기저기 다니며 좀 눈여겨보면, 왜 서양의 1,500년 전 초기 기독교 교회나 성당에 절에서나 볼 수 있는 卍 자 문양이 있는지 의문을 갖게 됩니다. 터키 이스탄불에 있는 그 유명한 소피아 성당을 가보면 동방에나 있어야 할 문양이 한쪽 벽기둥에 그려져 있습니다. 몽골에도 가보면 왕도문화를 상징하는 亞 자 문양이 제왕들의 복식을 비롯하여 여기저기에 나옵니다.

이 亞 자가 무엇을 뜻하는가? 원형문화라 하는 것은 한마디로 우주의 사정방, 정동서남북의 심법을 체득하는 것입니다. 이것이 인류 황금시절에 깨달았던, 바로 인간과 신과 자연과 우주에 대한 가장 소중한 깨달음입니다.

Reclaiming these lost truths requires us to look past established narratives and return to primary sources. My own journey has taken me to ancient records and sacred sites across Korea and the globe, where I have encountered undeniable cultural parallels. These commonalities transcend the shared history of East Asia; they appear in cultures worldwide, suggesting that all ancient civilizations once drew from a single primordial wellspring of wisdom. We can still see vibrant traces of this shared past in the symbols and sacred architecture that span the globe, testaments to a time when humanity was spiritually one.

The evidence is often hidden in plain sight. If you travel widely and observe with a keen eye, you might find yourself wondering why certain patterns in early Christian churches so closely resemble those found in Buddhist temples. At the Hagia Sophia in Istanbul, for instance, the pillars of this historic cathedral bear the ancient 卍 (*man*) symbol, a character used in the East for millennia to signify cosmic order and harmony. Similarly, in Mongolia, the garments of ancient monarchs were adorned with the 亞 (*ah*) character, representing the monarch's divine light extending to the four quarters of the universe. These motifs, both variations of the primordial cross, reflect humanity's earliest efforts to express the structure of the universe and the nature of consciousness.

These symbols are enduring signatures of a golden age of spiritual insight. They point directly toward the traditions preserved in the *Hwandan Gogi*. This ancient Korean collection contains the complete text of *Cheonbu Gyeong*, offering direct access to the spiritual insights that have shaped and continue to guide human civilization.

**하기야 소피아 대성당의 만卍 자 문양** | 터키 이스탄불
Patterns of the 卍 character in Hagia Sophia.

**하기야 소피아 대성당** | 터키 이스탄불
Hagia Sophia in Istanbul, Turkey.

**몽골 제왕 복식의 아亞 자 문양** | 몽골 울란바토르 역사박물관
The 亞 character pattern on the costume of a Mongolian king.
National History Museum in Ulaanbaatar, Mongolia.

**몽골 마지막 왕 보그드칸의 겨울 궁전** | 몽골 울란바토르
The 亞 character pattern on a costume of Bogd Khan, the last Mongolian king. Bogd Khan Palace Museum in Ulaanbaatar, Mongolia.

　원형문화는 태고시대에 가장 순수한, 자연과 하나로 살았던 당시 사람들이 깨친 자연과 인간과 우주, 또 끊임없이 전진하는 역사의 궁극의 방향성과 그 목적지에 대한 깨달음을 갖고 있습니다. 이것을 고스란히 간직하고 있고, 너무도 가슴 벅차게 우리들에게 이 역사와 문화를 또 인간과 신과 자연에 대한 총체적인 깨달음을 열어주는 역사서, 인류 역사문명의 본래 모습을 회복시켜 주는 정말로 둘도 없이 소중한 역사서가 바로 『환단고기』입니다.

### 『환단고기』란 어떤 책인가

　『환단고기』란 어떤 책인가. 한민족과 인류 원형문화와 창세역사, 그 근본정신을 전하는 『환단고기』. 『환단고기』는 환국, 배달, 조선, 북부여로 전개되는 동방 대한의 국통맥을 가장 체계적으로 정확하게 전해주는 정통 한국 사서입니다. 이 속에서 우리 한민족의 역사관인 대한사관이 무엇인지 알 수 있습니다. 이 나라 이름이 대한이지만, 이 대한사관은 인류 보편사관이라고 정의 내릴 수 있습니다.

　여기서 결론 한마디만 강조하면, '하늘과 땅과 인간의 관계에서 인간은 어떤 존재인가? 인간의 삶의 목적은 무엇인가?' 이것을 정의하는 것이 바로 대한의 한韓 사상입니다. 인간에 대한 근원적인 정의, 이것은 유불선 기독교 그 어떤 종교보다도 위대한 것입니다.

　또 『환단고기』는 제왕학의 성전입니다! 환국 배달 조선의 제왕들과 고구려 광개토대왕, 또 대장군 을지문덕이나 연개소문 등 장군들의 심법, 깨달음을 추구하면서 살았던 그들의 역사철학! 이런 것들이 『환단고기』를 보면 간결하지만 그 핵심이 잘 표현되어 있습니다. 동방의 우주론, 신관을 근거로 해서 정말로 멋진, 역사 경전으로 인정하고 싶은 그런 충동을 주는 구절이 여기저기 많이 나옵니다.

## The *Hwandan Gogi* Chronicles

*Hwandan Gogi*, or "*The Annals of the Heavenly and Earthly Light*," is a profound philosophical treatise addressing the most fundamental questions of existence: What is the nature of a human being, and what is the purpose of life? At its core is the concept of *han* (韓), a term representing wholeness as the very essence of human potential. This concept is a vision of an awakened humanity, or Daehan ("Great Han"), composed of individuals who serve as conscious intermediaries between the celestial and terrestrial realms. While recognized today in the name of the Republic of Korea (Daehan Minguk), this concept's original scope was universal, describing a humanity destined to radiate an inner brilliance for the benefit of all.

As a compilation of five historical works written over a millennium, *Hwandan Gogi* serves as a definitive record of the philosophy embraced by the sage-kings of Hwanguk, Baedal, and Joseon,* as well as later leaders like Gwanggaeto the Great and Eulji Mundeok. Their core insights reflect the triadic principle of Samsin ("Triune Divinity") and its personal manifestation as Samsin Sangjenim, the triune lord and governor of the universe. This sacred heritage provides the guiding principle for translating Sangjenim's cosmic governance into a triadic earthly system, realized through a lineage of sovereignty from Hwanguk

Chronology of Korean Nations and Dynasties

---

* *Joseon*. This term refers to the ancient Korean state of Joseon (2333–238 BCE), which should be distinguished from the much later Joseon Dynasty (1392–1897).

또 『환단고기』는 '인류의 모태 문화, 동서양의 모든 종교 문화의 원천이 되는 진정한 정신 문화의 원형, 영성문화의 원전이다. 인류 영성 문화의 근원을 밝히는 원전이다.' 이렇게 볼 수 있습니다. 그것을 한마디로 '신교문화의 삼신관이다' 이렇게 정의하기도 합니다. 또 '이 우주 통치자 삼신상제님의 우주정치, 그 통치법전이다' 이렇게 정의하기도 합니다.

| 시대 | 저자 | 저서 |
| --- | --- | --- |
| 신라 | 안함로 | 『삼성기』 (상) |
| 고려 | 원동중<br>이암<br>범장 | 『삼성기』 (하)<br>『단군세기』<br>『북부여기』 |
| 조선 | 이맥 | 『태백일사』 (8권) |

through Baedal, Joseon, and Northern Buyeo, leading to Goryeo.

This sacred tradition finds its source in Hwanguk, a primordial civilization associated with the Tian Shan region. Beyond its foundational role in the East, Hwanguk's cultural and spiritual legacy rippled outward, laying the groundwork for early civilizations across the globe. Archaeological traces point to an ancient global network reaching through Mesopotamia and far beyond, revealing a past much more interconnected than previously understood. I plan to explore this theme further in a future volume of the *Hwandan Gogi Lecture Series*.

| Time of Compilation | Compiler(s) | Book |
|---|---|---|
| Silla | Anhamno | *Samseong Gi I* ("Three Sacred Nations, Book I") |
| Goryeo | Won Dong-jung<br>Yi Am<br>Beom Jang | *Samseong Gi II* ("Three Sacred Nations, Book II")<br>*Dangun Segi* ("Annals of the Danguns")<br>*Buk Buyeo Gi* ("Annals of North Buyeo") |
| Joseon Dynasty | Yi Maek | *Taebaek Ilsa* ("Secret History of the Radiant People") |

# 환국에서 뻗어나간 동서 인류 문명
## Hwanguk: The Cradle of World Civilization

『환단고기』는 다섯 분이 신라 고려 조선의 천년 세월을 거치면서 쓰셨는데, 한민족의 9천 년 역사는 환국에서 시작되었다고 말합니다. 동양의 배달과 서양의 수메르 문명은 환국에서 갈려 나왔습니다. 유대교, 기독교, 이집트, 그 다음에 그리스 로마, 또 인도 아리안, 베다문명, 이런 문명들이 전부 환국에서 천산을 타고 넘어간 수메르 문명에서 발원되었다고 지금 서양의 고고학자들이 밝히고 있습니다.

## 『삼국유사』 「고조선」의 '천부'는 무엇인가

환국 배달 조선, 동방 대한의 원형문화, 창세 역사시대를 선언하고 있는 우리들의 공인된 기록, 『삼국유사』「고조선」조를 보면 '석유환국昔有桓國' 옛적에, 즉 옛 조선인 단군조선 이전에 환국이 있었다고 합니다.

아버지 환인이 백두산을 보시고 홍익인간弘益人間 할 만한 곳이라 했는데, 지구통치 사상, 지구를 통치하는 인간론, 그 중심사상이 홍익인간입니다. 환웅이 자발적으로 동방 개척의 꿈을 품어서 아버지 환인이 천부인天符印이라고 하는 환국 우주광명문화의 종통을 상징하는 세 가지 신기神器를 내려줘 3천 명의 개척단을 이끌고 옵니다. 1가구가 5인이라고만 해도 근 2만 명을 거느리고 온 것입니다.

여기서 가장 중요한 것이 『삼국유사』「고조선」조의 기록은 동북아 문화의 원형뿐만 아니라 지구촌 동서양의 보편문화, 시원문화, 원형문화, 모체문화라고 하는 사실입니다. 지구촌의 어느 시대, 어느 나라에 태어났어도 역사의 과거 현재 미래를 관통해서 영원히 변치 않는, 문화의 원천적인 근원정신이 있습니다.

이 삼계 우주 역사의 조화세계, 광명우주의 심법을 전수한 이가 환국에서 천부인 세 개의 신기를 가지고 온 환웅천황입니다. 여기에 천부란 언어가 등장하고 있습니다. 천부경이 나오고 있는 것입니다. 물론 '천부天符', 그것을 종통의 상징으로서 문자 그대로 어떤 부符로도 얘기할 수 있는데 그와 함께 도장〔印〕이 있었다는 것입니다.

## Historical Corroboration

The significance of these accounts gains additional credibility when corroborated by other historical sources, most notably in the canonical *Samguk Yusa* ("*Memorabilia of the Three Kingdoms*"). The text's opening chapter references Hwanguk and recounts the founding of Baedal and Joseon.

Toward the end of the Hwanguk era, the emperor recognized Mt. Baekdu as the ideal site for humanity's spiritual awakening. Inspired by this vision, his son, Hwanung, set out to establish a new nation in the east. Before Hwanung's departure, the emperor bestowed upon him the Cheonbu ("Heavenly Code") and the Seal as the ultimate symbols of divine mandate. Accompanying Hwanung was a pioneering group of three thousand delegates; including their families, the mission totaled nearly twenty thousand people. Together, they founded a civilization rooted in cosmic principles.

Viewed in this light, the Cheonbu is best understood not merely as a physical token of sovereignty, but as the divine wisdom that laid the foundations of civilization—wisdom later recorded in *Cheonbu Gyeong*.

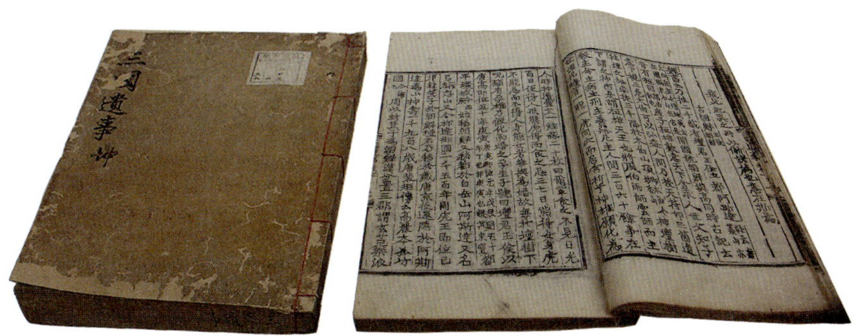

한민족의 원형문화, 창세역사시대를 선언하고 있는 공인된 기록, 『삼국유사』 「고조선」
A copy of *Samguk Yusa* ("*Memorabilia of the Three Kingdoms*").

## 천부경이란 어떤 경전인가?

그럼 천부경이란 어떤 경전인가? 천부경은 환국 배달 조선, 고구려, 또 발해, 대진국, 고려, 조선으로 내려오는 과정을 보면 환국 때부터 입에서 입으로 전수해 내려왔다고 합니다.

일시무시일 석삼극무진본, 천일일 지일이 인일삼 일적십거무궤화삼~.

가르침의 원전이 단순하니까 이렇게 입으로 늘 노래를 한 것입니다. 9 × 9 = 81, 여든 한자로 되어 있습니다.

그 당시 사람들이 우주와 나의 관계를 밝힌 천부경을 암송하면서 뭘 깨달았을까요? 그토록 순수했던 원형문화시대, 그 깨달음의 심원함에 대해서 우리가 가슴으로 같이 느낄 때, 환국과 배달과 잃어버린 조선 역사를 우리가 다시 한 번 멋지게, 그리고 힘차게 한마음이 되어서 복원할 수 있다고 봅니다.

### 천부경의 전수 역사

| 환국 | 환국에서 구전되어 옴(桓國口傳之書) |
|---|---|
| 배달 | 신지 혁덕 녹도문鹿圖文으로 기록<br>환국의 종통 계승 증표(커발환 환웅의 천부인 세 개) |
| 조선 | 사관 신지가 천부경 기록<br>11세 도해단군, 천제 후 천부경, 삼일신고 강론<br>16세 위나단군, 영고탑에서 천제 후 5일간 연회와 천부경 노래 |

이 천부경을 기록의 역사로 보면, 환국에서 구전되어 내려오다가 배달과 조선에서는 사관 신지神誌를 통해서 기록을 하게 했습니다. **사관이 기록해야 될 왕국의 가장 중대한 깨달음의 비밀 통치문서가 바로 천부경이었습니다.** 그래서 11세 단군을 비롯하여 그 외에도 상제님께 천제를 올리고 천부경과 삼일신고를 강론하고 또 5일 동안 백성들과 더불어 술을 마시면서 천부경을 노

## The Sacred Transmission

A comprehensive examination of *Hwandan Gogi*, *Samguk Yusa*, and other historical sources suggests that *Cheonbu Gyeong* was first revealed nine thousand years ago by Samsin Sangjenim, the Sovereign of Heaven, to Hwanin Anpagyeon, whom tradition identifies as the founding emperor of Hwanguk, and subsequently transmitted to Hwanung of the Baedal nation.

During the Baedal era and the subsequent Joseon era, the scripture was transcribed by official chroniclers and became a foundational text for rulers. According to *Dangun Segi* (*"Annals of the Danguns"*) in *Hwandan Gogi*, Emperor Dohae delivered a lecture on *Cheonbu Gyeong* and *Samil Singo* during a ritual honoring Samsin Sangjenim. Later, Emperor Wina hosted a five-day ceremonial gathering in Yeonggotap, where he recited *Cheonbu Gyeong* with his people, celebrating the living connection between heaven, earth, and humanity.

### Historical Development of *Cheonbu Gyeong*

| Period | Key Features |
| --- | --- |
| Hwanguk | A sacred revelation of eighty-one words was orally transmitted by the rulers of Hwanguk. |
| Baedal | Hwanung inherited imperial authority and received the Cheonbu ("Heavenly Code") and the Seal as symbols of divine monarchy. Cheonbu, representing the eighty-one words of celestial wisdom, was eventually transcribed into writing as *Cheonbu Gyeong* by an official chronicler. |
| Joseon | All Joseon emperors studied and disseminated the teachings of *Cheonbu Gyeong* to the people.<br><br>Notable Records:<br>• 11th Dangun (Dohae): Delivered lectures on *Cheonbu Gyeong* and *Samil Singo* during rituals to Samsin Sangjenim.<br>• 16th Dangun (Wina): Recited *Cheonbu Gyeong* with the people during a ceremonial feast in Yeonggotap. |

래한 기록이 있습니다. 영고탑의 제천행사 기록 같은 것이 나와 있습니다.

이 **천부경**은 우주 수학의 원전原典이라 할 수 있습니다. 1에서 10, 열 개의 수를 가지고 인간과 우주, 신과 인간의 관계, 또 역사의 태동과 문명의 궁극의 목적을 밝히고 있습니다. 열 개의 자연수로 그러한 진리 주제를 정의하고 있습니다. 이 얼마나 신나는 일입니까? 1에서 10, 열 개의 수를 가지고 우주와 나를 설명하고 있는 것입니다.

수數에 대한 근원적인 깨달음의 이야기가 바로 천부경입니다. 천부경을 보면 구×구×팔십일 자로 정사각형을 이루고, 그 중심에는 6이라는 수가 있습니다. 또 전체적으로 서른한 개의 수가 나오고, 그 나머지는 그 수를 설명하는 말로 이루어져 있습니다.

**영고탑 구성舊城 유적비** | 제천祭天 성지
(흑룡강성 해림시 장정진)
This stone monument, marking the area where ancient emperors conducted ritual feasts for Samsin Sangjenim, the Supreme Being, is located in Yeonggotap, what is now Ningguta Ancient City Ruins in Hailin City, China.

## The Numerical Architecture of the Cosmos

This "Heavenly Code," known as *Cheonbu Gyeong*, expresses the complexity of the cosmos through the simplicity of numbers. Using ten natural numbers, from one to ten, *Cheonbu Gyeong* articulates the primordial blueprint of the universe. Within its eighty-one characters, numbers appear thirty-one times, with the remaining fifty characters describing their relationships and functions. The number one appears eleven times, and three appears eight times. Remarkably, when the eighty-one characters of the scripture are arranged in a nine-by-nine grid, the character for the number six (六) appears at the center, for the number six symbolizes the central organizing principle of all existence.

This ancient wisdom of understanding reality through numerical patterns finds a profound resonance in modern scientific thought. As Stephen Hawking noted, the universe is inherently rational and can be described through the language of mathematics. Similarly, physicist

천부경을 연구하는 분들의 말을 통해서 보면 1이라는 수를 열한 번을 쓰고 있고, 3이라는 수를 여덟 번을 쓰고 있다고 합니다. 1과 3이라는 것이 천부경의 깨달음의 주제이자 역사의 주제가 되고 있습니다.

천부경은 인류의 원형문화 성전이기에 옛사람들이 수천, 수억 만 번을 읽었습니다. 천부경은 서른한 개의 수를 가지고 우주가 돌아가는 이치를 얘기하고 있습니다.

호킹 같은 이는 '우주는 합리적인 수학 체계로 둥글어가고 있다.'고 말합니다. 또 최근에 미국의 천문학자 맥스 테그마크Max Tegmark라는 이는 이렇게 말했습니다. '우리들의 영원한 물리적인 현실세계, 이 실재세계라는 것은 수학적 구조로 되어 있다.'

수학을 알아야 합니다. 서양 수학이라는 것은 요즘 수학자들도 하드Hard 수학이라고 말합니다. 동양수학은 소프트Soft 수학입니다. 동양은 기본수 몇 개를 가지고 인간과 우주 만유의 본성을 설명합니다. 어떻게 하면 우리가 하나가 될 수 있느냐는 것입니다.

1에서 10까지, 열 개의 자연수를 가지고 영원히 풀리지 않을 듯한 이 진리에 대한 원천적 정의를 9천 년 전에 안파견 환인이 우주의 통치자, 곧 우주정치를 행하시는 삼신三神상제님으로부터 받아 내렸습니다. 그래서 천부경은 인류사 최초의 계시록이자 제1의 경전입니다. 또한 천부경은 우리가 어떤 분야에서 문화 행위를 하든지, 온 인류가 의지해야 되는 첫 번째 소의경전所依經典입니다. 그러면서도 이 천부경은 미래를 이야기해주고 있습니다. 미래의 문명이 나아갈 방향을 이야기하고 있는 것입니다. "저는 아무리 읽어도 그게 안 뵈던데요."라고 하는 분은 정성껏 한 몇백 번만 읽어도 천부경의 뜻이 가슴에 와 닿을 것이라고 생각합니다.

자, 천부경의 원전을 한번 보겠습니다.

Max Tegmark suggests that the physical world may, at its deepest level, be a mathematical structure, a notion that mirrors the ancient wisdom of *Cheonbu Gyeong*.

## Living Wisdom for Today

Beyond these cosmological foundations, *Cheonbu Gyeong* serves as a practical compass for the modern era. It bridges the gap between universal laws and human experience, enabling us to align our individual journeys with the greater cosmic flow.

This alignment transcends intellectual understanding; it unfolds as a transformative experience. Many have found a deep healing of mind, body, and spirit through the regular recitation of these eighty-one characters. Because the text is remarkably concise and rhythmic, it is easily internalized. As a meditative bridge, it invites us to listen to the benevolent resonance of Father Heaven and Mother Earth, leading us toward the true nature of reality and the ultimate meaning of our existence.

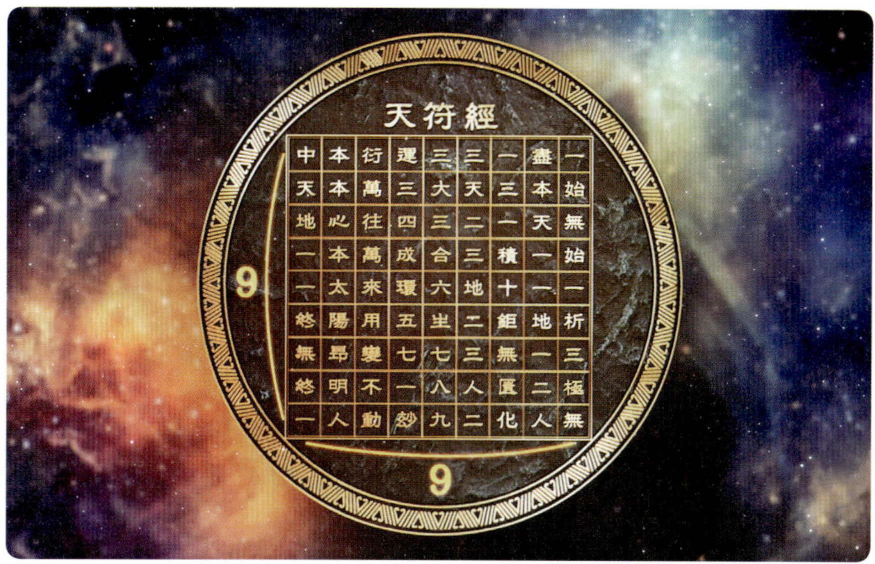

The eighty-one characters of *Cheonbu Gyeong*.

# 천부경 원전 강독

상경
일 시 무 시 일　　석 삼 극 무 진 본
一始無始一이요 析三極無盡本이라.
천 일 일 지 일 이 인 일 삼
天一一 地一二 人一三이니
일 적 십 거　　무 궤 화 삼
一積十鉅라도 无匱化三이라.

중경
천 이 삼 지 이 삼 인 이 삼
天二三 地二三 人二三이니
대 삼 합 육 생 칠 팔 구
大三合六 生七八九하야
운 삼 사 성 환 오 칠
運三四 成環五七이니라.

하경
일 묘 연 만 왕 만 래
一玅衍 萬往萬來하야
용 변 부 동 본
用變不動本하니라.
본 심 본 태 양 앙 명
本心本太陽 昂明하니
인 중 천 지 일　　일 종 무 종 일
人中天地一하야 一終無終一이니라.

　　아침에 일어나서 수도 공부를 하시는 분들, 기도하시는 분들 중 천부경을 읽고 마음, 영혼, 그리고 몸의 치유를 받은 분들이 참 많이 있습니다. 이것은 어떤 강압적인 계율이 하나도 없습니다. '그냥 자연은 이렇게 둥글어 간다. 너는 이렇게 생겨났다. 너의 삶의 목적은 이것이다. 우리 모두는 바로 이 목적지를 향해서 가야 한다.' 한마디로 천지부모가 오늘도 '그렇지 않니?' 하고 사랑스러운 자비의 음성으로 외치고 있는 그런 기운을 받을 수가 있습니다.

**Special Feature**

***Cheonbu Gyeong: "The Scripture of Heavenly Code"***

<table>
<tr>
<td valign="top">

**Upper Section**

</td>
<td>

One is the beginning;
    from Nothingness begins One.
One divides into the Three Ultimates,
    yet the source remains inexhaustible.
Arising from One, Heaven is One.
Arising from One, Earth is Two.
Arising from One, Humanity is Three.
One accumulates and opens as Ten,
    yet all occurs due to Three's creative change.

</td>
</tr>
<tr>
<td valign="top">

**Middle Section**

</td>
<td>

Based on Two, Heaven changes under Three.
Based on Two, Earth changes under Three.
Based on Two, Humanity lives under Three.
The Great Three unite into Six,
    which then gives rise to Seven, Eight, and Nine.
Everything moves in accordance with Three and Four;
    everything circulates under Five and Seven.

</td>
</tr>
<tr>
<td valign="top">

**Lower Section**

</td>
<td>

One expands in mysterious ways
    while coming and going endlessly,
    and a great change to the Function occurs,
    bringing forth the immutable Body.
The basis of the universe is the mind,
    which shines radiantly like pure yang.
Humanity, penetrating the mind of heaven and earth,
    attains the Ultimate One.
One is the end;
    in Nothingness ends One.

</td>
</tr>
</table>

## 천부경 해석의 기본 방향

우리가 천부경을 해석할 때 그 구성 틀과 논리체계를 보면, 천부경을 깨달았던 분들이 남겼던 족적에 천부경을 해석하는 어떤 기본적인 방향이 있지 않을까 생각해 보게 됩니다.

일반적인 해석학에서 볼 때 전통 해석(traditional interpretation)이라는 것이 있고, 정통 해석(orthodox interpretation)이라는 것이 있습니다. 그러나 원형문화를 분석하는 데는 우주와 내가 소통되고, 역사의 과거 현재 미래와 나의 지금 이 순간이 소통되는 그런 해석 체계 방식이 정통 해석이고 올바른 해석이 아닌가 생각합니다.

그래서 제가 옛사람들의 뜻을 좇아 '해석은 최종적 종합이다.' 이런 생각을 다시 한 번 해봤습니다. 그러니까 '동서 1만 년, 우주론에 대한 깨달음의 모든 지혜를 융합해 어제도 오늘도 내일도 끊임없이 새롭게 더 심원한 경계에서 최종적인 해석을 해나가야 하리라.' 하는 생각을 해봅니다.

## 천부경 상경의 대의

자, 상경 첫 구절을 보겠습니다. 천부경의 주제어, 일시무시일. 이것을 우리가 정의할 때 일一은 시始다. 가장 간결하게 끊습니다. 물론 『환단고기』는 일시무一始無, 일종무一終無를 한 의미 단락으로 정의해서 강조하고 있습니다.

아무튼 일과 무를 하나로, 음양陰陽 짝으로 봐야 합니다. 체용體用의 논리로 봐야 한다는 것입니다. 그렇게 일과 무가 강조되고 있는데 무엇을 얘기하기 위해서일까요? 석삼극무진본析三極無盡本입니다.

To fully appreciate how *Cheonbu Gyeong* offers such profound insights, we must delve into the text through a disciplined interpretive lens. Broadly, two approaches often define the study of sacred scriptures: the orthodox, endorsed by established authorities, and the traditional, shaped by the collective experience of the populace over centuries. In this volume ["The Celestial Code: Ancient Wisdom from *Cheonbu Gyeong*,"] we adopt a dialectical and integrative approach, one that honors the wisdom of previous interpretations while remaining open to renewed revelation. By synthesizing centuries of human wisdom across cultures, we aim to enrich our evolving understanding of this celestial code.

Following this integrative approach, let us begin our line-by-line analysis of *Cheonbu Gyeong* with the scripture's opening words.

**The Upper Section: The Primordial One and the Cosmic Triad**

> One is the beginning;
>> from Nothingness begins One.

This first line of *Cheonbu Gyeong* harmonizes with the closing line: 'One is the end; in Nothingness ends One.' This parallel structure facilitates our understanding that the concepts 'One' and 'Nothingness' are not separate things but rather two aspects of the same reality. 'Nothingness' serves as the infinite, formless source of all existence, while 'One' represents the first emergence of potential or undifferentiated wholeness. With this insight in mind, let us explore the concept of 'One' in the next line.

> One divides into the Three Ultimates,
>> yet the source remains inexhaustible.

그 '하나'의 조화경계에서 세 가지의 궁극자가 생겼다! 이 우주에서 가장 지극 한 것, 삼극三極이 열렸다는 것입니다. 상경에서는 삼극 사상이 이 경전의 가장 중요한 주제어라고 강조하지 않을 수 없습니다.

그런데 무진본無盡本이다. 그 근본, 즉 이 우주의 생명력, 우주의 에너지라는 것은 위축되거나 줄어들고 고갈되는 게 아니라는 것입니다. 우주생명력의 영원불변의 법칙. 여기에서 우리는 '인간이, 바로 내가 살아있는 우주 자체가 될 때 그런 영원불변한 생명이 되기 때문에 성실하고 진실하게 그 생명력을 내려받는 삶을 사는 것이 참 소중하구나.' 하는 것을 깨닫게 됩니다. 구도자로서의 삶, 거기에 자긍심을 가질 수 있는 것입니다.

천일일 지일이 인일삼. 여기서 삼극이 나왔습니다. 그것은 하늘 땅 인간입니다.

상경에서는 삼극이 나오고 일적십거가 나오고 있습니다. 일적십거, 온 우주에 '하나'의 기운이 작동을 해서, 즉 만물을 낳아 길러서 십으로 커진다는 것입니다. 여기서 십수十數 시대가 오게 됩니다.

인간과 우주의 근원, 일一, 이것이 원자론에서는 바로 수소인데, 우주는 물로 구성되어 있습니다. 일 태극수太極水, 이것이 온 우주에 충만해서 만물을 낳아 기르면서 그 변화의 궁극에서 십수가 열린다는 것입니다.

This passage reveals that all the forces of the universe originally coexisted as a single unified energy before differentiating into the 'Three Ultimates.' Yet, even after this differentiation, the total energy of the universe remains constant; it neither diminishes nor depletes, for its essence is eternal and unchanging.

This truth resonates deeply with those who seek the path. It awakens us to the realization that our own existence can be as limitless and everlasting as the cosmos, rekindling a profound determination to live in divine oneness with this infinite source.

Now, *Cheonbu Gyeong* explicitly identifies these "Three Ultimates":

> Arising from One, Heaven is One.
> Arising from One, Earth is Two.
> Arising from One, Humanity is Three.

Though heaven, earth, and humanity each hold distinct roles and stations, they all originate from the same 'One.' This triad serves as the sacred channel through which the Divine One manifests itself within the physical world.

Let us continue to explore the passages that follow:

> One accumulates and opens as Ten,
>     yet all occurs due to Three's creative change.

The concept of 'One' as the primordial unity shares an intriguing correspondence with modern physics. Just as the hydrogen atom serves as the fundamental building block of matter and the seed of cosmic evolution, 'One' acts as the spiritual source that unfolds into all existence. This process culminates in 'Ten,' marking a new era of fulfillment that we will explore later.

## 천부경 중경의 대의

그 다음에 중경을 봅시다. 중경의 주제어는 무엇인가? 천이삼 지이삼 인이삼 이렇게 쭉 나가서, 삼극의 구조 질서를 얘기하면서 대삼합육大三合六, 즉 '삼합'을 강조하고 있습니다. 상경은 삼극三極, 중경은 삼합三合을 강조합니다. 이 삼합을 알아야 우주와 인간의 목적을 깨달을 수가 있습니다.

우리가 이 경전을 깊이 읽을 때 만나게 되는 가장 간결하고 동시에 가장 소중한 근본적인 진리의 메시지는 무엇일까요? 그 핵심을 보려면 늘 깨어 있으려고 해야 합니다.

대삼이 합이 되면 여기서 생칠팔구가 됩니다. 대삼합으로 육을 낳았는데, 그 육이 바로 천부경의 중심수라는 말입니다. 천부경에서는 관념적이고 원론적인 진리 정의가 아니라 삶에서 가장 소중하고 실용적인 우리 생명의 문제를 다루고 있습니다. 삼합이 될 때 여기서 우리는 육이라는 진정한 우주의 생명의 문제를 현상적으로 만날 수 있고 체험할 수가 있습니다. 이 육을 근거로 칠팔구가 생합니다. 이처럼 중경은 삼합육해서 생칠팔구, 그다음 운삼사 성환오칠로 이어집니다.

## 천부경 하경의 대의

하경은 무엇을 말할까요? 일묘연 만왕만래. 다시 근본, 즉 일태극으로 돌아갑니다. 우주와 내가 나온 하나! 그것이 오묘하게 분열 운동하고 수렴 운동하고, 분열 통일을 반복합니다. 하루 낮과 밤에서, 지구 일 년 사계절에서 천 년, 만 년, 백만 년, 억만 년 끝없이 반복한다는 것입니다.

일묘연만왕만래―妙衍萬往萬來. 한없이 가고 온다. 오르고 내리고, 들어가고 나오고, 이런 순환운동이 아무리 영원히 이뤄진다 할지라도 용변부동본用變不動本입니다.

**The Middle Section: The Unity of Six**

The Middle Section of *Cheonbu Gyeong* commences with the following passages, which elucidate the dual nature of the Three Ultimates.

> Based on Two, Heaven changes under Three.
> Based on Two, Earth changes under Three.
> Based on Two, Humanity lives under Three.

Then the text continues:

> The Great Three unite into Six,
>     which then gives rise to Seven, Eight, and Nine.
> Everything moves in accordance with Three and Four;
>     everything circulates under Five and Seven.

While the upper section of *Cheonbu Gyeong* focuses on the 'Three Ultimates,' the middle section centers on 'the unity of the Great Three.' This concept encapsulates our connection with Father Heaven and Mother Earth, suggesting that by realizing our shared divine essence, heaven and earth achieve perfect harmony within us.

**The Lower Section: The Return to One**

The Lower Section revisits the concept of 'One,' the source from which both the cosmos and humanity emerged:

> One expands in mysterious ways
>     while coming and going endlessly,

This passage explains that 'One' perpetually undergoes these cyclical movements—rising and falling, entering and emerging, expanding and contracting. These cycles repeat endlessly through days and nights, seasons and years, across thousands, millions, and billions of

여기에는 두 가지 해석이 있습니다. 첫째는 '변화의 용用이 아무리 있다 해도, 봄에서 여름, 여름에서 가을, 또 백 년, 천 년, 만 년 이렇게 변한다 할지라도 부동본, 그 근본은 동함이 없다.' 이것이 전통적인 해석입니다. 그런데 부동본을 그렇게 해석해 버리면 앞에 무진본이 나왔는데 뒤에 절을 다시 반복하는 것밖에 안 되는 것입니다. 그래서 그것이 아니라 일적십거해서 미래의 자연과 문명이 새로운 질서를 맞이하는, 그런 변화의 미래적인 내용을 여기서 선언하고 있다고 봐야 합니다. 천부경은 미래 경전이기도 하기 때문에 '일적십거'에서 십수라고 하는 성숙한 가을 우주 문명이 열린다는 것을 얘기하고 있습니다. 거기에 맞추어서 용변, 즉 변화질서의 작용이 거대한 변혁을 일으킨다고 해야 합니다. 여기서 변變은 트랜스포메이션transfor-mation, '근본 틀이 바뀐다'는 것입니다. 용변부동본用變不動本은 곧 '자연 질서의 틀이 바뀌어서 부동의 근본, 곧 본체의 세상이 된다'는 것입니다. 이렇게 해야 우리가 천부경이 바라는 해석을 그대로 느끼고 전할 수가 있는 것입니다.

| 一 | 始 | 無 | 始 | 一 | 析 | 三 | 極 | 無 |
|---|---|---|---|---|---|---|---|---|
| 盡 | 本 | 天 | 一 | 一 | 地 | 一 | 二 | 人 |
| 一 | 三 | 一 | 積 | 十 | 鉅 | 無 | 匱 | 化 |
| 三 | 天 | 二 | 三 | 地 | 二 | 三 | 人 | 二 |
| 三 | 大 | 三 | 合 | 六 | 生 | 七 | 八 | 九 |
| 運 | 三 | 四 | 成 | 環 | 五 | 七 | 一 | 妙 |
| 衍 | 萬 | 往 | 萬 | 來 | 用 | 變 | 不 | 動 |
| 本 | 本 | 心 | 本 | 太 | 陽 | 昻 | 明 | 人 |
| 中 | 天 | 地 | 一 | 一 | 終 | 無 | 終 | 一 |

years without end.

The next passage, represented by the characters '用變不動本,' can be interpreted in two distinct ways that reflect fundamentally different understandings of cosmic destiny.

> *Traditional Interpretation:*
> No matter how much transformation 'One' undergoes,
>   its fundamental essence remains unaltered.

This reading emphasizes the eternal and unchanging nature of the cosmic source, a perspective that resonates with many mystical traditions. However, this interpretation may result in conceptual redundancy by reiterating the idea of an inexhaustible source already established in the opening section.

> *Alternative Interpretation:*
> … and a great change to the Function occurs,
>   bringing forth the immutable Body.

This reading offers a more dynamic understanding of cosmic evolution, suggesting that *Cheonbu Gyeong* points toward a transformative future rather than mere cyclical repetition. The phrase "a great change to the Function" refers to a profound cosmic transformation in which scattered and fragmented manifestations converge back toward unity. The "immutable Body" represents not the static preservation of what has always been, but the emergence of what is destined to be: a new world order characterized by the restored harmony between heaven, earth, and humanity.

In the following passage, we approach the culmination of *Cheonbu Gyeong*:

자, 그 다음을 보면, 본심본태양本心本太陽입니다. 이 우주의 모든 진리, 질서, 역사, 삶, 그 근본은 마음입니다. 그런데 이 태양에 대한 해석에서 우리가 근래 너무 과학적으로만 교육을 받아 태양의 실제 살아있는 모습, 그 생명의 어떤 실재함으로 잘 못 느끼는데, 천부경에서는 우리들의 마음이 광명이라는 것을 얘기하고 있습니다. 본심本心인 우리들의 마음은 태양에 근본을 둬서 한없이 밝다는 것입니다. 앙명昂明이에요.

그 다음은 인중천지일人中天地一입니다! 인간의 깨달음의 목적은 무엇인가? 인중천지일, 사람이 천지를 관통해서, 천지부모와 하나가 되어서, 천지의 심법을 뚫어 꿰어 진정한 그 '하나'의 목적을 성취하는 것입니다.

하경의 마지막은 일종무종일一終無終一로 끝을 맺습니다. 여기서도 '하나'에 대한 해석이 중요합니다. 일시무시일, 일종무종일의 그 일一을 성취하는 것이 바로 태일太一입니다. 이것은 조금 전에 살펴본 상경의 '천일 지일 태일'에서 나왔습니다.

이제 좀 더 살을 붙여 체계적이고 논리적인 해석을 하면서 최종적으로 매듭을 짓겠습니다.

The basis of the universe is the mind,
    which shines radiantly like pure yang.
Humanity, penetrating the mind of heaven and earth,
    attains the Ultimate One.

Consciousness, or mind, permeates the entire universe. It serves as the source from which emerge life, the cosmos, knowledge, and all facets of existence. *Cheonbu Gyeong* imparts a transformative insight that our consciousness, arising from pure yang energy, emanates boundless radiance, illuminating all it touches. This means we can merge with the light of Father Heaven and Mother Earth. By establishing a deep connection with the consciousness of Father Heaven and Mother Earth, you can become an ultimate individual who brings all their endeavors to fruition.

*Cheonbu Gyeong* then concludes with a line that employs the term 'One' in a context distinct from the opening line.

One is the end;
    in Nothingness ends One.

This final verse mirrors the opening, forming a conceptual loop in which the cosmic cycle begins and ends in 'Nothingness,' with 'One' as both the beginning and the return. This reveals a timeless truth: all existence flows from One and ultimately returns to its source, renewed.

Having explored the scripture line-by-line, we will now delve deeper into its core foundational concepts.

# 제2장

# 천부경의 근본 주제

### 천부경 '일'의 의미

자, 다시 한 번 앞으로 돌아가서 보겠습니다. 우리가 일시무시일—始無始—이라는 것을 해석할 때 다양한 끊어 읽기를 시도할 수 있습니다. 천부경은 일이라는 숫자가 열한 번 나오니까 저는 천부경의 **근본 주제**는 무엇보다도 '하나'에서 나오고 '하나'로 돌아가야 한다는 것을 강조합니다. 일시일종입니다.

우리가 이 일시무시일을 가장 간결하게 끊어 읽는다면 두 글자 '일시—始', 또는 세 글자 일시무—始無로 읽을 수 있습니다. '우주 만유는 하나에서 비롯됐는데 그것은 무에서 비롯되었다.' 문자 그대로 '일의 시작은 무'라는 것입니다. 또 사자성어로 '일시무시—始無始'라 읽고 남는 일—을 다음 단락으로 넘겨서 '일석삼극—析三極이다. 하나가 삼극으로 나뉘어졌다.'라고 볼 수도 있습니다.

하지만 일시무시일은 마지막에 일종무종일과 짝말입니다. 댓구가 됩니다. 원전을 읽을 때는 항상 저자의 의도, 글을 구성한 체계와 논리에 맞추어 읽어야 글 읽는 예법에도 어울리는 것입니다.

따라서 일시무시일 하면 '우주만유는 하나에서 비롯됐는데 무에서 비롯된 하나다.'라고 해야 일과 무가 강조됩니다.

# The Core Principles of Cosmic Order

## The Philosophy of One

一始無始一

One is the beginning;
>	from Nothingness begins One.

*Cheonbu Gyeong* opens with the character 一, the numeral one, as part of the five-character phrase "一始無始一." The meaning of this opening passage varies depending on how we group the five characters.

One approach is to read '一始無' as a unit, rendering the meaning "One emerged from Nothingness." However, this interpretation creates an asymmetrical relationship between 'One' and 'Nothingness,' where Nothingness appears as the more fundamental concept from which One emerges and to which it returns (as '一終無' would mean "One ends in nothingness").

Another interpretation groups '一始無始' together as "One is the beginningless beginning," with the final character '一' becoming the head of the next phrase, '一析三極.' Yet, this reading faces a structural challenge: if the opening follows the pattern '一始無始,' the parallel closing should be '一終無終,' but the text actually ends with '一終無終一,' creating an asymmetrical structure.

A third approach treats '一始' and '無始一' as paired units, conveying the meanings "One is the beginning" and "From Nothingness begins One." This interpretation appears to address several concerns simultaneously. It preserves the rhythmic balance mirrored in the final line, '一

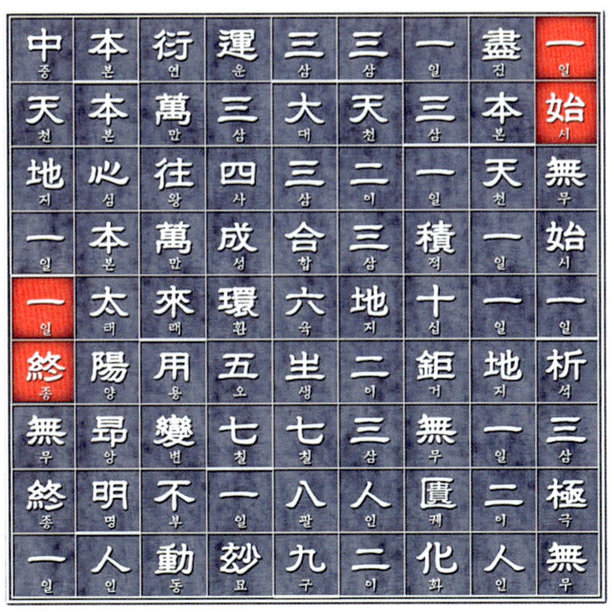



**천부경의 근본주제** | 일시일종一始一終, 하나에서 나오고 하나로 돌아가야 된다.
'一始' (il si, "One is the beginning") and '一終' (il jong, "One is the end") are two of the most crucial concepts for understanding *Cheonbu Gyeong*.

그래서 '석삼극'의 전통적인 해석은 '하나'에서, 이 우주의 가장 지극한 세 생명의 거대한 실재가 탄생했다는 것입니다. 그것이 무엇인가요? 뒤에 천일일 지일이 인일삼이라고 나오는데 바로 하늘과 땅과 인간입니다. 우주 진리의 대명사로서 하늘과 땅과 인간, 그 이상이 있을 수 없습니다.

동서 사상에서 밝히는 가장 경이로운 실제 분기점은 무엇일까요? 바로 천부경에서 말하는 **삼극사상**입니다. 이 우주에서 가장 소중한 생명의 큰 실재가 **천지인 삼재**입니다. 동양 사상, 주역 사상에서 보통 말하는 천지인 삼재가 다 이 천부경의 삼극에서 나왔습니다. 우리는 근대사의 출발점에서, 즉 김일부의 정역사상에서 이 삼극이 '우주의 본체는 하나가 아닌 무극과 태극과 황극, 셋이다.'라고 하는 우주 본체 삼극론으로 새롭게 완성되는 것을 볼 수가 있습니다.

終' ("One is the end") and '無終一' ("In Nothingness ends One"), while maintaining structural symmetry throughout the text. Furthermore, this reading places equal emphasis on the terms 'One' and 'Nothingness,' suggesting a more balanced philosophical relationship between these fundamental concepts.

'One' carries two primary meanings in *Hwandan Gogi*.

First, it represents cosmic consciousness, the primordial awareness existing before conceptual distinctions arise. The Zen koan "All dharmas return to One. Where does One return?" illustrates this interpretation, though while traditional Zen uses this as a pedagogical device pointing beyond rational concepts, *Hwandan Gogi* treats "One" more substantively as cosmic consciousness itself, the fundamental source from which all existence emerges. As the text states: "From the one force that permeates the entire universe, all life arises."[*]

Second, 'One' symbolizes the Creator. Laozi's *Tao Te Ching* expresses this: "The Way gives rise to the One, the One gives rise to the Two, the Two gives rise to the Three, and the Three gives rise to all things in the myriad."[**] Here, One serves as the creative principle that generates all multiplicity. *Hwandan Gogi* explains: "Within this singular force dwells Samsin, the Creator of the cosmos. Yet, Samsin simultaneously exists outside this force, enveloping it from all directions."[***] This paradox reveals the Creator as both immanent within creation and transcendent above it.

---

* Quote from the "Sacred Teachings from the Ancient Sanctuary" chapter of *Taebaek Ilsa* of *Hwandan Gogi*.
** Translation by Paul Fischer, from *The Annotated Laozi: A New Translation of the Daodejing*, State University of New York Press, 2023.
*** Quote from the "Sacred Teachings from the Ancient Sanctuary" chapter of *Taebaek Ilsa* of *Hwandan Gogi*.

불가에 보면, 선사들이 마음의 본래 경계를 깨우칠 때 잡념을 완전히 떨구기 위해 한 마음속에 사무치게 들고 있는 진리의 암호판이 있습니다. 소위 말하는 공안 말입니다. 그 많은 공안 가운데 '만법귀일萬法歸一'이라는 것이 있습니다. 만법은 하나로 돌아가니 일귀하처一歸何處라. 그 하나는 어느 곳으로 돌아가는가. 그것이 바로 인간의 본래 일심법을 말합니다.

부 위 생 야 자 지 체　　시 일 기 야
夫爲生也者之體가 是一氣也니 (『태백일사』「소도경전본훈」)

무릇 만물의 생명이 되는 본체는 바로 이 우주에 충만한 일기이다.

『환단고기』에 보면, 이 일자를 '부위생야자지체夫爲生也者之體가 시일기야是一氣也'라고 해서 생명으로 살아가는 것의 근본 체體는 이 우주에 충만한 한 일기一氣에서 비롯되었다고 합니다. 일은 모든 자연수의 근원으로서, 우주 만유 현상의 생명 근원, 그런 경계를 묘사하는 수數로도 이야기할 수 있지만 『환단고기』에서는 그것을 일기一氣로, 때로는 일신一神, 원 가드One God로, 또 때로는 일심一心, 즉 심론으로도 해석을 합니다. 그렇게 융합적인 방식으로 보면서 나의 일심, 본심, 인간의 본성 문제로 얘기할 때 그 일一을 느끼면서 해석하면 됩니다.

또 우주의 조물주 하나님을 일一로 해석할 때, 그것을 도론道論으로 보면, 도생일道生一, 일생이一生二, 이생삼二生三, 삼생만물三生萬物이라고 하는 후세에 노자가 선언한 천부경의 새로운 메시지가 됩니다. 고전을 보면 천부경에서 유래된 그런 내용들이 중중무진합니다.

일 기 자　　내 유 삼 신 야　　　삼 신 자　　외 포 일 기 야
一氣者는 內有三神也오 … 三神者는 外包一氣也라

일기 속에는 삼신이 있고...삼신은 밖으로 일기를 둘러싸고 있다.

(『태백일사』「소도경전본훈」)

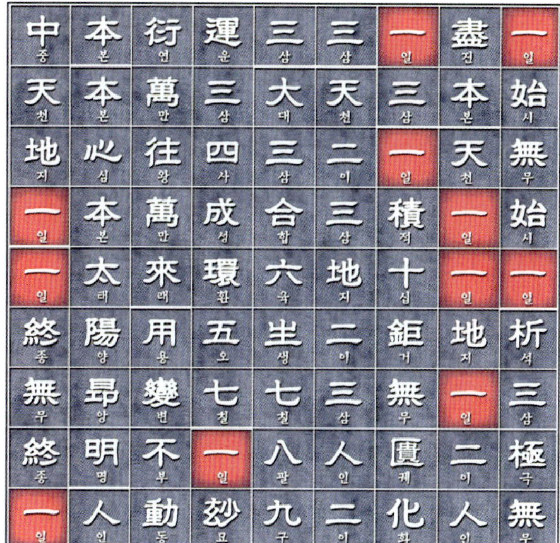

The character 一 (*il*, "one") appears eleven times throughout the *Cheonbu Gyeong* text.

析三極無盡本

One divides into the Three Ultimates,

  yet the source remains inexhaustible.

'One' creates the phenomenal world through endless division into 'Three.' From galaxies to atoms to consciousness itself, triadic patterns organize reality. In Eastern thought, this macrocosmic manifestation is expressed through the Three Ultimates (Samgeuk, 三極):[*] heaven (*cheon*, 天), earth (*ji*, 地), and humanity (*in*, 人). This cosmic differ-

---

[*] The principle of the Three Ultimates (Samgeuk) serves as the ontological archetype for the triad of heaven, earth, and humanity. While this triad is a central pillar of the *I Ching* and broader East Asian philosophy, its ultimate origin lies in the Samgeuk of *Cheonbu Gyeong*. In the nineteenth century, the Korean philosopher Gim Il-bu (1826–1898) expanded this triadic principle into a refined cosmic mechanics, further articulating the laws of universal order through the lens of the matured cosmos:

- Mugeuk (無極, The Non-Ultimate/The Boundless Ultimate): The infinite void and absolute potentiality existing before all form.
- Taegeuk (太極, The Generative Ultimate): The primordial source that gives rise to yin and yang, governing their ceaseless and rhythmic movement.
- Hwanggeuk (皇極, The Governing Ultimate): The sovereign pivot that harmonizes and regulates the cosmic order.

이 우주에는 대우주 시공계를 채우고 있는 일기가 있다! 그 기氣 속에 신神, 즉 삼신三神이 있고, 그 기를 밖에서 삼신이 둘러싸고 있다! 『태백일사』에 들어가 보면 결국 뭘 강조합니까? 신과 기는 둘이지만 하나고, 하나이지만 둘이다. 바로 기가 신이고 신이 기라는 것입니다. 천부경은 '자연과 인간의 참 목적은 무엇인가?' 하는 것을 수로써 얘기합니다.

석삼극무진본. 석삼극은 나눠지는 것입니다. 수학으로 말하면 미분입니다. 극대우주도 하늘, 땅, 인간으로, 극미의 원자세계, 인간의 마음과 의식 세계도 다 셋으로 나눠집니다. 소립자를 만드는 쿼크 세계도, 여섯 개로 나뉘는데 결국은 또 삼수로, 세 가지 색깔로 구분합니다. 삼극으로 끊임없이 미분되어서 현상세계가 구성되는 것입니다.

조금 전에 석삼극이 미분微分이라 했는데 거꾸로 적분積分을 하면 일적십거가 됩니다! 어느 날 '일적십거'를 읽으면서 이런 생각을 해보았습니다.

entiation into three resonates with the structures of modern particle physics, where quarks, the building blocks of matter, are organized by three color charges. Through this triadic division, One generates infinite complexity.

一積十鉅无匱化三

One accumulates and opens as Ten,
　　yet all occurs due to Three's creative change.

While the division from One to Three represents differentiation, One's accumulation toward Ten represents integration. These two complementary movements govern the fundamental rhythm of cosmic creation. This mathematical blueprint, the interplay between cosmic differentiation and integration, later evolved into the sacred diagrams of Hado and Nakseo, which translate these abstract principles into observable patterns.

# 하도와 낙서에 담긴 천지의 이법

환국 3,300년, 배달국 초기를 합쳐서 약 4천 년 세월 속에서 천부경을 가장 완벽하게 도통한 인물이 한 분 나왔습니다. 그런 역사적 인물이 출현했는데 그가 누구일까요? 5,500년 전, 배달국 5세 태우의 환웅의 막내 아드님으로 열두 번째 왕자님인 바로 태호 복희씨입니다. 그분의 호가 태호입니다. 그 뜻은 대한, 크게 밝은 사람이라는 것입니다.

중국 회향현이나 여러 곳을 가보면 중국의 인민들, 통치자들이 태호 복희씨를 인류 문명의 조상이라고 모시는데, 아주 참 놀라울 정도로 숭배하는 것을 본 적이 있습니다. 왜 그들이 태호복희씨를 문명의 시조文明之始祖라고 하는가? 이분이 일적십거를 도통한 분입니다. 여기서 인류 문명사가 폭발적으로, 놀랍게 비약적으로 발전하는 것을 볼 수

# Sacred Diagrams: Hado and Nakseo

## Great Sage Bokhui and the Dragon-Horse

Throughout four millennia following *Cheonbu Gyeong*'s first revelation, one figure achieved complete understanding of its teachings. This was Taeho Bokhui, the twelfth prince of Emperor Taeuui, the fifth *hwanung* of Baedal, approximately 5,500 years ago. His title, Taeho (太昊), means "Being of Great Light."

His extraordinary achievement began with a mystical vision that would change the course of Eastern philosophy: a dragon-horse emerging from the Heavenly River, emblazoned on its back a sequence of numbers from one through ten. In response to this divine revelation, Bokhui created the Hado diagram, meaning "Diagram from the River," which mapped the fundamental patterns of cosmic harmony and evolution.

중국인들은 복희씨를 "인류 문명의 조상 (人文始祖)"으로 숭배한다.

A golden statue of Bokhui (Fuxi) is enshrined at the Taihao Fuxi Mausoleum in Huaiyang County, Henan Province, China, where he is depicted holding the symbol of the Eight Trigrams in his hands.

태호복희 | BCE 3528~BCE 3413. 5,500년 전 배달국 5세 태우의 환웅의 막내아들

가 있습니다. 오늘의 텔레비전, 컴퓨터, 이런 디지털 문화의 0과 1의 부호 같은 것이 다 이분의 수학적 깨달음에서 왔습니다.

환국에서는 천부경이 나오고, 신시 배달국에서는 천하天河에서 용마가 등에 지고 나왔다는 하도가 있습니다. 용마하도龍馬河圖라고 합니다. 태호복희씨가 이 하도를 그렸습니다. 하도는 1에서 10까지의 수를 동서남북 중앙에 배치하고 있습니다. 제가 '일적십거'를 읽으면서 동양의 문명신, 태양신으로 이 양반이 내려온 것 같다는 생각을 해 봤습니다.

여기서 중요한 것은 하도에서 이 수라는 것이 왜 이렇게 배치되어 있느냐는 것입니다. 왜 1은 북방에 있고, 왜 2는 남방의 수인가? 왜 3은 동방 봄철의 수이고, 4는 서방 가을의 수인가? 또 5라는 수는 왜 중앙, 중방에 위치해 있는가? 여기서 **수의 포지션**position**의 문제**가 나옵니다.

1, 2, 3, 4, 5라고 하는 수가 제멋대로 1 다음에 2, 2 다음에 3, 이렇게 된 것이 아닙니다. 천부경에서는 일반적인 자연수, 하나, 둘, 셋, 넷, 다섯, 또는 첫째, 둘째, 셋째, 이런 기수·서수의 기본 의미는 다 담고 있으면서 우주와 자연, 인간의 근원적이고 보편적인 본성을 말하고 있는 것입니다.

천부경에서는 일적십거一積十鉅 무궤화삼无匱化三이라 노래했습니다. 하도의 1에서 10까지 수를 보면, 1은 북방 겨울, 2는 정반대에 위치해서 남방 여름, 3과 4는 동방 봄과 서방 가을에 배치되어 있습니다. 1, 2, 3, 4, 그리고 중앙에 5가 있습니다. 이것을 생수라고 하는데 **생수는 만물을 낳는 수**입니다. 5라는 수는 음과 양에 치우친 성질이 아니고 음과 양의 두 성질을 다 안고 있습니다. 동방의 3과 남방의 2가 합해서 5가 됩니다. 서방 4와 북방 1, 가을 겨울의 음의 기운이 합해서 또 5가 됩니다. 이처럼 5는 양과 음의 두 본성을 다 지니고, 조화성이 있기 때

Known in Chinese tradition as Fuxi, he is revered as the 'Originator of Civilization' for this revolutionary legacy. Hado became the bedrock of East Asian thought for millennia, and in recognition of his profound impact, the Chinese government has in recent years constructed major temples in his honor.

## The Architecture of Harmony: Understanding Hado

The Hado diagram represents one of humanity's earliest attempts to visualize cosmic order through numerical relationships. In this system, the natural numbers one through ten are represented by linked black and white dots: black for even numbers and white for odd numbers. The arrangement follows a precise geometric pattern: one and six are placed in the north, two and seven in the south, three and eight in the east, four and nine in the west, and five and ten at the center.

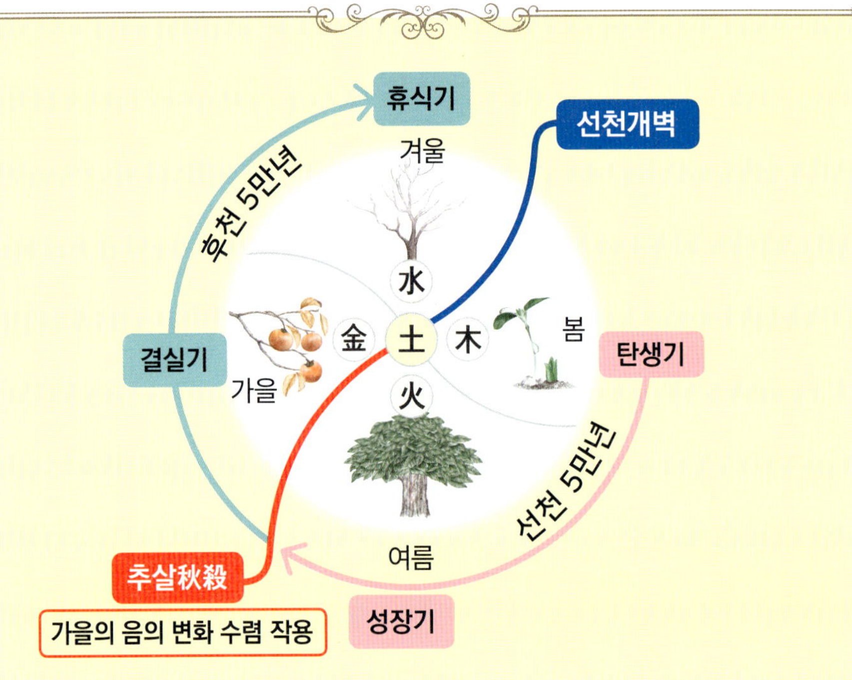


문에 토±라 하고 중앙에 놓은 것입니다.

이 토가 변화의 중심적인 창조의 자궁이 되어서 1, 2, 3, 4와 결합하여 6, 7, 8, 9 성수를 낳습니다. 성수는 만물이 형상을 갖고 태어나는 기운입니다. 1, 2, 3, 4, 5는 생수이고, 6, 7, 8, 9, 10은 성수입니다. 그런데 5와 10이라는 수는 가장 늦게 생겨납니다. 여기서 **인간의 심법의 문을 여는 중대한 깨달음의 진리 근본 주제, 영원불변의 절대 주제**가 나오는데, 이것이 5와 10의 토화작용입니다.

토±라는 글자는 열 십 자에다가 한 일 자를 쓴 것입니다. 십무극과 1태극. 이 얘기를 하려면 몇 시간을 해도 끝이 없습니다. 가장 중요한 이야기지만 다 잘라내고, 결론만 알기 쉽게 조금씩만 전하겠습니다.

천부경이 나오고 4천 년 만에 태호 복희씨라는 분이 천부경의 전체 수의 근본정신을 완벽하게 통해서, 그 수를 우주의 동서남북 중앙에 배치했습니다. 북방 겨울 1.6 수水, 남방 여름 2.7 화火, 동방 봄철 3.8 목木, 서방 가을

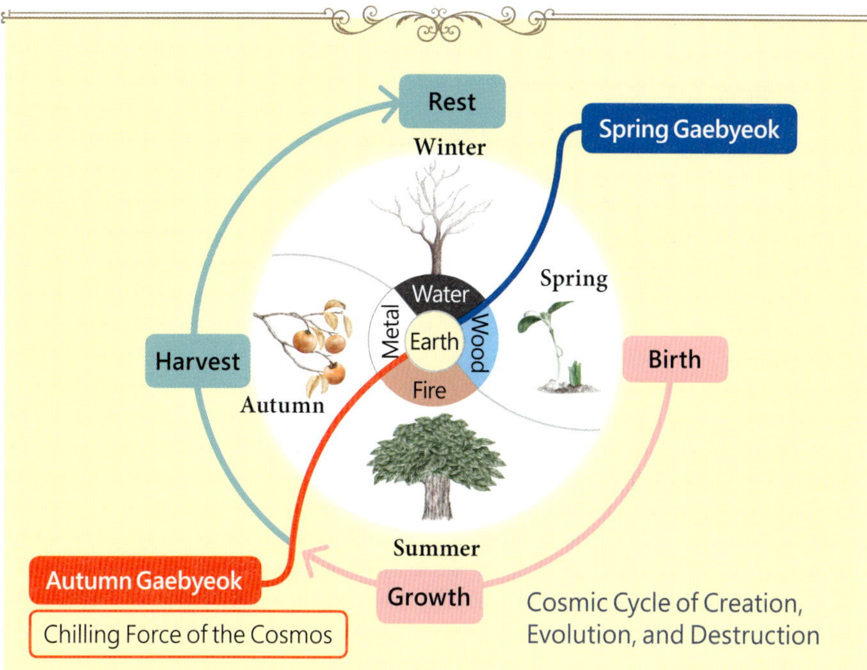


Each even-odd pair corresponds to one of the five elements: one and six to water (水, winter), two and seven to fire (火, summer), three and eight to wood (木, spring), four and nine to metal (金, autumn), and five and ten to earth (土, the harmonizer).[*] The number five plays a particularly significant role, embodying both yin and yang energies through the combination of odd and even numbers (3+2, 4+1), serving as the cosmic harmonizer.

Numbers one through five are called "begetting numbers"— the fundamental forces of creation. Adding five to each produces the "completed numbers," six through ten, representing the full manifestation of cosmic principles. This harmonious numerical relationship reveals how ancient wisdom understood the progression from potential to actualization.

---

[*] To understand the nature of earth energy, it could be beneficial to note that the character for earth energy, 土, is the combination of 十 "ten" and 一 "one," representing two of the three fundamental forces of the cosmos: limitless source (Mugeuk), and the dynamic source of creation (Taegeuk).

4.9 금金, 중앙 5.10 토±입니다.

하도는 정 동서남북, 중앙 방에서 우주의 어떤 원천적인 에너지가 작동하는가를 보여줍니다. 봄에는 따뜻한 봄바람이 불고, 여름이 되면 폭염, 무더위가 오고, 가을이 되면 만물을 내리쳐서 모든 것을 한 번 거둡니다. 추살秋殺이 내리칩니다. 음의 변화가 오는 것입니다. 수렴을 합니다. 거둬들이는 것이죠. 그리고 겨울이 되면 쉽니다. 하루도 깊은 밤에는 잠을 자야 됩니다.

이것을 천하天河에서 나와서 하도河圖라고 하는데, 천하에서 나온 우주창조의 설계도가 바로 하도입니다.

단군조선으로 들어서면서 중국의 왕조 문명이 총체적으로 붕괴되는, 중국의 역사 운명이 무너지는 대사건이 일어납니다. 소위 9년 홍수가 일어났습니다. 그때 단군왕검이 자신의 장자인 부루 태자를 통해서 인간과 문명과 자연을 다스릴 수 있는 문서 하나를 내줬습니다.

9년 홍수 사건의 문제를 해결한 것이 바로 홍범구주洪範九疇인데 『서경』에도 그 내용이 나옵니다. 물을 역으로, 잘못 다스려서 단군왕검, 천제께서 진노하셨다고 말입니다. 단군왕검을 천제라고 기록하고 있는 것입니다. 유가의 역사경전 『서경』에 그렇게 나와 있습니다.

재 석 곤　　인 홍 수　　골 진 기 오 행　　제 내 진 노
在昔鯀이 陻洪水하야 汩陳其五行한대 帝乃震怒하사
불 비 홍 범 구 주
不畀洪範九疇하시니

옛날에 곤鯀(우임금의 아버지)이 홍수를 막으면서 오행의 질서를 어지럽히자 천제(단군왕검)께서 진노하셔서 홍범구주를 주시지 않으니...
-『서경』

## From Turtle Shell to Constitutional Framework:
## The Nakseo Legacy

While Hado presents one cosmological model, another emerged offering a different yet complementary view of the cosmos. The Nakseo diagram, also known as the 'Luoshu Square,' carries an equally fascinating origin story.

According to traditional accounts, the Nakseo diagram originated when the legendary Yu observed a sacred pattern on the shell of a turtle that emerged from the Luoshu River (洛水). However, the deeper truth reveals that the actual Nakseo (洛書) was transmitted to Yu by Dangun Wanggeom, the first emperor of Dangun Joseon, along with *Hongbeom Guju* (洪範九疇, "*The Grand Plan in Nine Categories*"), a nine-part constitutional framework for governing the nation.

*Shujing* ("*Book of Documents*") records this transmission:

In ancient times, Gun disrupted the order of the Five Elements in an attempt to control the flood. The Emperor was furious and did not pass down *The Grand Plan in Nine Categories*, and so the Way of Governance collapsed. Gun was exiled and died, and Gun's son, Yu, inherited his father's mission. Accordingly, the Emperor bestowed *The Grand Plan in Nine Categories* upon Yu so that the Way of Governance would thereafter be firmly established.

What makes this account significant is that Chinese records explicitly acknowledge these governing principles came from an "Emperor." In the light of *Hwandan Gogi* and related historical research, this emperor is increasingly understood by researchers to be Dangun Wanggeom. Empowered by this divine transmis-

사공司空 우의 아버지 곤鯀이 그 홍수를 다스리는 데 실패해서 우산에서 죽었는데, 우禹는 그 아버지의 눈물과 한숨과 죽음을 생각하면서 하늘의 마음으로 9년 홍수를 다스려 중국 천지를 건지고, 그 공로로 하나라의 임금이 됐습니다. 하나라 우왕이 된 것입니다. 그때 이 양반이 낙수에서 하도와 음양 짝이 되는, 우주 수학의 또 다른 원본, 낙서洛書를 받아 내렸습니다.

환국 배달 조선으로 내려오면서 천부경, 하도, 낙서가 이렇게 나온 것입니다. 천부경이 우주 수학의 원전, 근원이라면 이 열 개의 수가 어떻게 시간과 공간, 동서 남북에서 작동을 하는가를 밝혀주는 것이 하도·낙서입니다.

하도는 우주 만유가 완전한 균형을 이루고 정 동서남북 제자리에 잡는 것을 나타냅니다. 다시 말해 우주의 음양운동이 완전한 균형을 보여주는 가을겨울의 질서를 말하는 것입니다. 그리고 만물이 태어나서 자라는 과정을 얘기해 주는 것이 낙서의 변화입니다.

**대우릉 안의 우임금 사당** | 절강성 소흥시
Mausoleum of Yu the Great in Shaoxing City, Zhejiang Province, China.

sion, Yu finally controlled the devastating nine-year floods. This victory led to the founding of the Xia Dynasty, suggesting that the very bedrock of China's first civilization was rooted in the sacred wisdom of Dangun's Joseon.

**Two Mirrors of Reality:**
**Complementary Visions of Cosmic Order**

While *Cheonbu Gyeong* discloses ten numbers illuminating the divine order of the universe, the Hado and Nakseo diagrams reveal how these ten numbers operate within the dimensions of time and space. These two ancient diagrams represent complementary approaches to understanding cosmic order. The Hado diagram represents the primordial state of the cosmos and symbolizes the Later Heaven order—an age of harmony, maturity, and unification associated with the cosmic autumn and winter. In Hado, all elements are placed in perfect balance, each in its rightful position, creating cosmic harmony.

Statue of King Yu atop Mt. Kuaiji in Shaoxing City, Zhejiang Province, China.

그럼, 우임금이 계시 받은 낙서를 잠깐 볼까요? 하도에는 중앙에 5와 10이 있는데 낙서에는 10이 없습니다. 중앙에 5밖에 없습니다. 그리고 정 동서남북과 중앙에 **전부 양수가 작용합니다.** 북방에는 1, 남방에는 9, 서방에는 7, 동방에는 3이 있습니다. 그러니까 북방, 동방, 중앙은 1, 3, 5가 위치하고 있습니다.

여름의 불기운 7이 정 서방 가을의 계절 자리에 가 있고, 가을의 금 기운을 나타내는 9가 정 남방에 와 있습니다. 그래서 '여름과 가을이 바뀔 때는 거대한 변화가 일어난다. 우주의 개벽운동이 있다.'라는 것을 우주의 수학의 원리로 계시해주고 있는 것이 바로 낙서입니다.

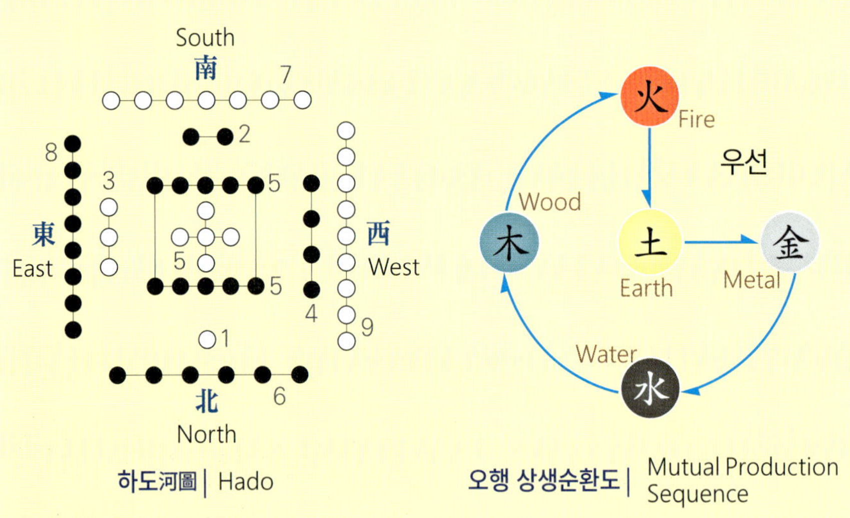



하도河圖 | Hado

오행 상생순환도 | Mutual Production Sequence

In the Hado diagram, the numbers are arranged in the mutual production sequence of the five phases.

In contrast, the Nakseo diagram depicts the developmental process of the cosmos and reflects the Early Heaven order, characterized by birth (spring) and growth (summer). Nakseo positions the four even numbers at the corners and the five odd numbers along the four cardinal directions. Significantly, Nakseo does not include the number ten, suggesting the dynamic yet incomplete state of the Early Heaven that awaits the restoration of perfect harmony in the coming era.

This dynamic nature is further reflected in the positional inversions of the Nakseo diagram. The number seven, associated with fire (summer) and typically located in the south, is placed in the west, while the number nine, linked with metal (autumn) and usually found in the west, appears in the south. This positional inversion reflects a cosmic transition known as *gaebyeok* (開闢), a fundamental transformation that marks the shift from summer to autumn in the cosmic order.

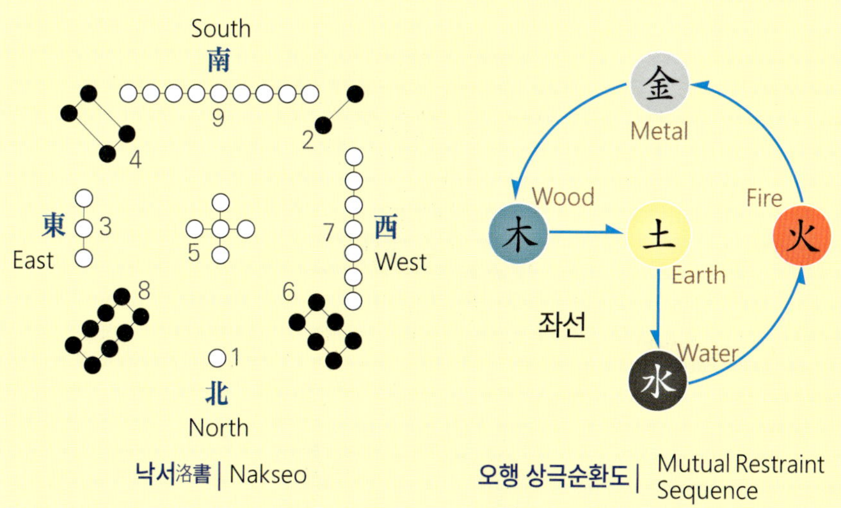


In the Nakseo diagram, the numbers are arranged in the mutual restraint sequence of the five phases.

하도와 낙서는 서로 정반대 방향으로 순환을 합니다. 하도는 정 북방에서 정 동방으로, 수생목水生木, 목생화木生火해서 시계 방향으로 우선右旋, 오른쪽으로 돌고, 낙서는 거꾸로 상극의 작용이기 때문에 북방 수水가 불을 이기면서 수극화水克火를 하고 남방의 화극금火克金으로 금극목金克木, 목극토木克土해서 정북방 본래의 자리, 토극수土克水를 합니다. 시계 반대 방향으로 좌선左旋을 하는 것입니다.

그래서 음양의 서로 반대되는, 이질적인 성질과 운동의 방향성, 이런 것을 상징하는 문양이 전 지구상에 꽉 차 있습니다.

일본이나 가까운 주변 나라들은 물론이고 시베리아에서도 이런 문양들을 볼 수 있습니다. 우리가 어릴 때만 해도 한국에서도 이런 문양들이 많이 있었습니다. 인류의 원형문화인 것입니다.

**단군조선 시대의 채식 토기** | 4,000년 전 내몽골자치구 하가점하층문화

Tripod vessel from the Lower Xiajiadian culture, dating back approximately 4,000 years.

Beyond these positional shifts, the diagrams' numerical cycles offer even deeper insights. The Hado diagram unfolds in a clockwise spiral following the mutual generation (生) cycle of Five Element Theory:

- Water (1) generates wood (3)
- Wood generates fire (2)
- Fire generates earth (5)
- Earth generates metal (4)
- Metal generates water (1)

In contrast, the Nakseo diagram forms a counterclockwise spiral reflecting the mutual restraint (克) cycle:

- Water (1) restrains fire (2)
- Fire restrains earth (5)
- Earth restrains metal (4)
- Metal restrains wood (3)
- Wood restrains water (1)

These opposing spirals—one creative, one regulatory—represent two complementary dynamics of cosmic order: the need for both creation and restraint, growth and limitation, expansion and centered focus.

좌선 우선을 보여주는 청동유물 | 헝가리 역사박물관
A collection of bronze artifacts on display at the Budapest History Museum.

부리야트족 샤먼 예복 | 러시아 울란우데 역사박물관
Buryat shaman costume at the Museum of the History of Ulan-Ude.

　우주 수학의 원본 천부경을 근본으로 해서 시간과 공간, 계절의 변화, 또 우리 몸의 오장육부의 변화 이치로서 활용할 수 있는, 수의 실제적인 변화 이치, 원리를 담고 있는 그 원본, 하도낙서가 배달과 조선시대에 나왔습니다. 즉 6,960년이라는 약 7천년의 인류 시원역사, 또는 창세역사 시대 때 우주 수학의 원본이 세 가지로 나온 것입니다.

　천부경 문화가 바로 우주의 봄 여름 가을 겨울, 지구의 일 년 사계절, 우리 몸의 오장육부 운동의 변화 이치를 자연수로 그려주는 전체 우주 수학의 원본이고, 하도 낙서를 잉태하고 있습니다.

　하도·낙서는 동양사상, 동양우주론인 『주역』의 계사전에도 실려 있는데 동양에서 말하는 동양의 인간론과 자연론, 한마디로 음양론(태극), 음양오행론이라 할 수 있습니다. 음양오행론의 원본이 5,500년 전, 태호복희씨의 하도이고, 그것을 계승·발전시켜서 인간이 태어나 자라나가는 만물의 생장운동, 즉 우주의 봄여름 시간대, 자연의 봄 여름철 계

Bronze cow excavated from the royal tombs of Zhongshan, dating back approximately 2,300 years. Hebei Museum in Shijiazhuang City, China.

## The Promise of Wholeness

The absence of ten in Nakseo suggests our current era remains incomplete, while Hado's inclusion of ten reveals the promise ahead: the world will again achieve peace, unity, and harmony.

In these diagrams, yin and yang interplay as opposing yet interdependent forces, animating the continuous cycles of the universal order. The cosmic flow, in its eternal breathing, moves from balance to imbalance and back to restored equilibrium. Nakseo represents the vigorous phase of growth, while Hado embodies the mature state of integration.

The numerical totals of these diagrams reveal their profound interdependence: the sum of Hado (1–10, totaling 55) and Nakseo (1–9, totaling 45) equals exactly one hundred (百). In Eastern symbolism, this number represents absolute wholeness. Thus, through their eternal dance of transformation, the two diagrams unite to form the perfect, undivided order of the cosmos.

절의 변화 이치를 밝힌 것이 낙서입니다.

하도·낙서를 줄여서 '하낙河洛'이라고 하는데, 또 끝에 자를 따서 '도서圖書'라고도 합니다. 여기서 도서관圖書館이라는 말이 나왔습니다. 왕실의 가장 소중한 비밀, 천지의 변화이치를 수로써 그려내 준 것이 하도와 낙서인데, 하도는 1에서 10까지의 수로, 낙서는 1에서 9를 가지고 얘기해 주고 있습니다.

다시 말해 낙서는 1에서 9까지 45수로써 선천 변화를 나타내고 있고, 만물이 하나 되고 성숙되는 이치, 열매를 맺는 우주의 근본 이치를 이야기하는 것은 하도인데 1에서 10까지 총 55수로 드러나 있습니다. 10수가 들어와야 이 세계가 진정한 평화의 세상, 진정으로 하나가 되는, 완전한 성숙과 조화의 새로운 우주 질서를 맞이합니다. 이것이 하도가 전하는 한 소식입니다.

우주의 봄여름과 가을겨울의 자연 본래의 근본수의 정신을 모두 합하면 바로 백(100)입니다. 이 '백'이라는 것이 '밝'입니다. 한자로 쓰면 백百이고. '백白이면서 밝이다!' 밝다는 뜻입니다.

**A Living Tradition**

Preserved within the *Great Commentary* of the *I Ching*, the Hado and Nakseo diagrams provide a foundational map of Eastern cosmology. They are the very sources from which the theories of yin-yang and the five phases, the core of East Asian thought, first emerged. Together with *Cheonbu Gyeong*, this sacred trilogy functions as the primordial source-code of human civilization, deciphering the hidden geometry of the heavens, the silent laws of the cosmos, and the essence of our being.

## 천부경이 밝히는 신의 창조 법칙 '3수'

천부경의 실제적인 담론이 천일일天－－ 지일이地－二 인일삼人－三입니다. 하나에서 우주의 지극한 세 가지 생명의 큰 실재인 천지인 삼재가 벌어졌습니다.

그럼 이 천일 지일 인일이란 무엇인가? 우주가 나온 본래의 근원은, 그것이 신이 됐든, 일기一氣가 됐든, 진리의 어떤 절대 경계를 묘사하든 '하나'라는 것입니다. 하늘과 땅과 인간이 신神이라고 하면 다 동일한 신이라는 것입니다. 동일한 조물주라는 겁니다. 인간은 피조물이 될 수 없다는 것입니다. 천일 지일 인일입니다!

그리고 그 뒤에 천일天－ 지이地二 인삼人三을 전해주고 있습니다. 천일은 수이상천水以象天, 물로써 하늘의 생명의 세계를 상징하고 있습니다. 지이는, 화이상지火以象地, 불로써 땅의 생명의 본성, 정신을 상징합니다. 그 다음에 인삼을 보면, 목이상인木以象人 나무 목의 기운으로써 사람의 생명과 본성과 삶의 목적을 상징합니다.

천일일天－－이라 할 때 그 일－은 대우주에 충만한 생명의 근원, '일시무시일' 할 때의 일태극수입니다. 지일이地－二 할 때 이二는 어머니 지구의 생명의 본성은 불이라는 것입니다. 그래서 이 천일天－과 지이地二, 천지부모의 물과 불의 기운이 합덕이 되어서 인간의 생명이 탄생하는 것입니다. 물론 여기에는 다른 여러 깊은 뜻도 동시에 함축되어있는 것이지만 말입니다.

인일삼人－三이란 무엇인가? 사람은 인삼人三입니다. 삼三은 동방의 모든 것을 상징하는 수이기도 합니다.

과거 공산권이었던 헝가리, 또는 체코, 불가리아 같은 곳을 가보면, 천부경 문화가 다 살아있는 것을 볼 수 있습니다. 삼수를 찾아보면 **삼각형 안에 세 개의 원이 있는 문양**이 있습니다. 그게 바로 천부경이지 다른 무엇이겠습니까? 하나 속에 셋이 있다는 겁니다.

The Sacred Trinity: Heaven, Earth, and Humanity

天一一地一二人一三

Arising from One, Heaven is One.

Arising from One, Earth is Two.

Arising from One, Humanity is Three.

*Cheonbu Gyeong* elucidates that 'One' gives rise to 'Three,' with each realm inherently embodying 'One.' These Three Ultimates—heaven, earth, and humanity—are not separate or hierarchical entities, but rather co-equal dimensions of a singular cosmic source.

Heaven represents the infinite source of life, associated with the number one and the water element. Earth embodies the nurturing foundation, represented by the number two and the fire element. Humanity, symbolized by the number three and the wood element, arises from their union.* Embodying this principle of vital growth, humans are like trees rooted in earth yet reaching toward the sky, serving as the conscious bridge connecting celestial and terrestrial realms.

* A passage from the "Annals of the Three Hans" chapter in the *Taebaek Ilsa* of *Hwandan Gogi* clarifies this triadic relationship: "In the primordial era, when Samsin created the three realms of heaven, earth, and humanity, Samsin used water to symbolize heaven, fire for earth, and wood for humanity. Just as trees are firmly rooted in the ground and reach toward the sky, humans, while standing on earth, can also act as representatives of heaven."

전 세계를 둘러보면 저런 문화가 무궁무진합니다. 오리 세 마리, 원을 셋으로 띠로 둘러놓은 것, 일본의 신사, 우두왕右頭王을 섬긴 하치만궁八幡宮 같은 곳을 가보면 그냥 곳곳에 삼태극입니다.

**3수 상징 원형 팬던트** | 6,400년 전
~5,600년 전(헝가리 역사 박물관)
Pendants with three circles
touching each other inside a
larger circle, dating back
5,600–6,400 years, are on dis-
play at the Budapest History
Museum.

**세 마리의 청동 오리** | 3,600년 전,
헝가리 부다페스트 국립박물관
A bronze artifact depicting three
birds, dating back 3,600 years,
exhibited at the Hungarian
National Museum.

**3수 문화를 보여주는 유물 |** 헝가리 역사 박물관
Artifact featuring trinity symbols, exhib-
ited at the Budapest History Museum.

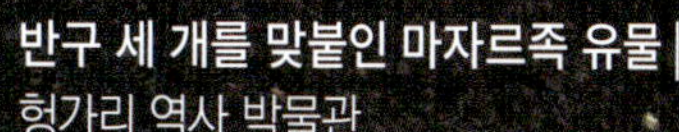

**반구 세 개를 맞붙인 마자르족 유물 |**
헝가리 역사 박물관
Magyar artifacts showcasing three
adjoining hemispheres, on display at
the Budapest History Museum.

**중산왕릉의 3련 은 마차 장식 |**
2,300년 전, 하북성 박물관
A silver decoration featuring three
adjoining circles, unearthed from the
royal tombs of Zhongshan, dating back
approximately 2,300 years. Displayed at
the Hebei Museum in Shijiazhuang City,
China.

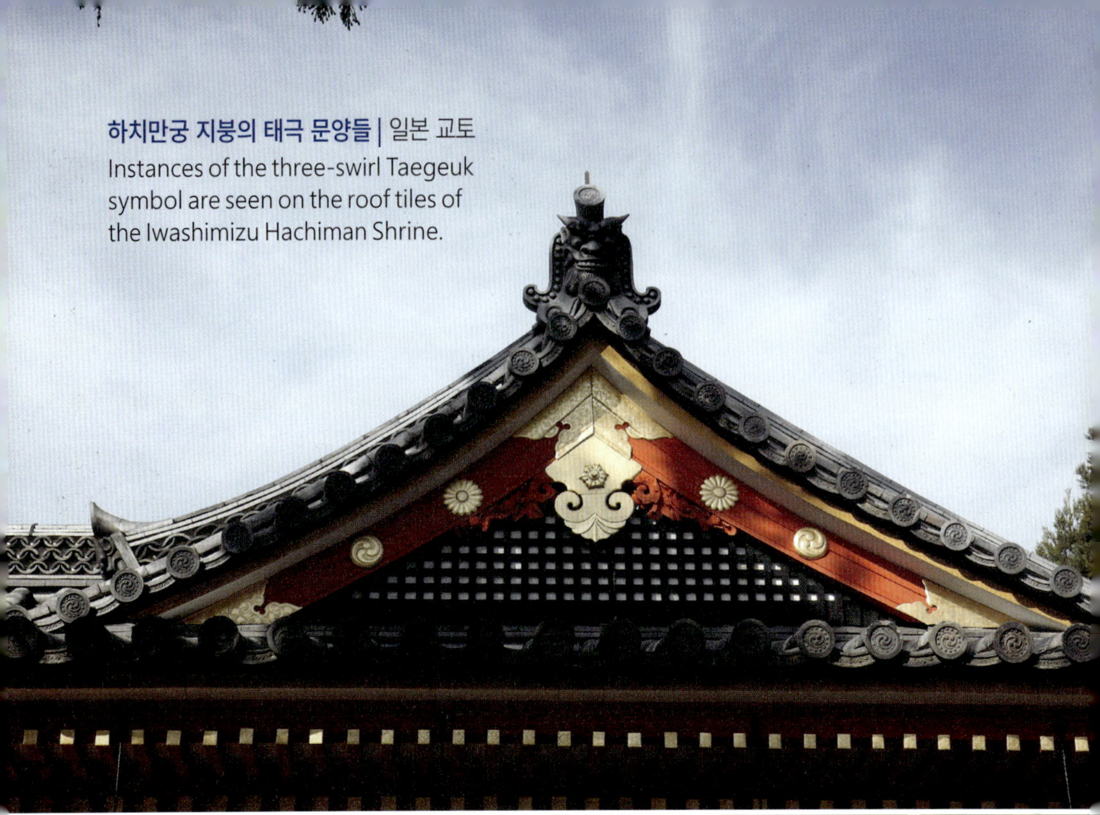

**하치만궁 지붕의 태극 문양들** | 일본 교토

Instances of the three-swirl Taegeuk symbol are seen on the roof tiles of the Iwashimizu Hachiman Shrine.

**고대 촉한 3태극 황금 장식물** |

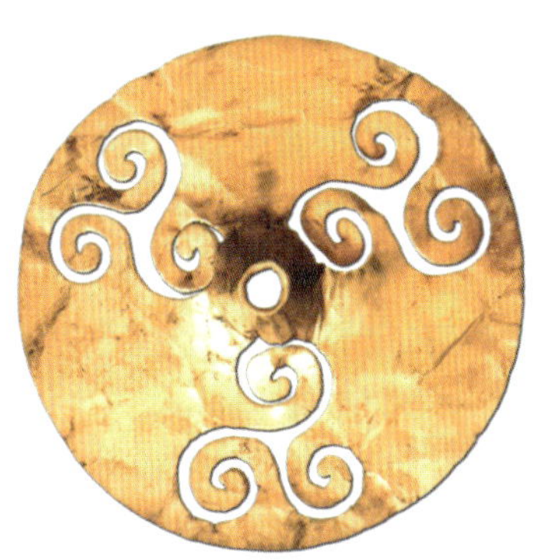

3,200여년 전, 사천성 금사유적 박물관

A golden disc with three triple spiral symbols. Ancient Shu artifact from approximately 3,200 years ago, showcased at the Jinsha Museum in Chengdu City, Sichuan Province, China.

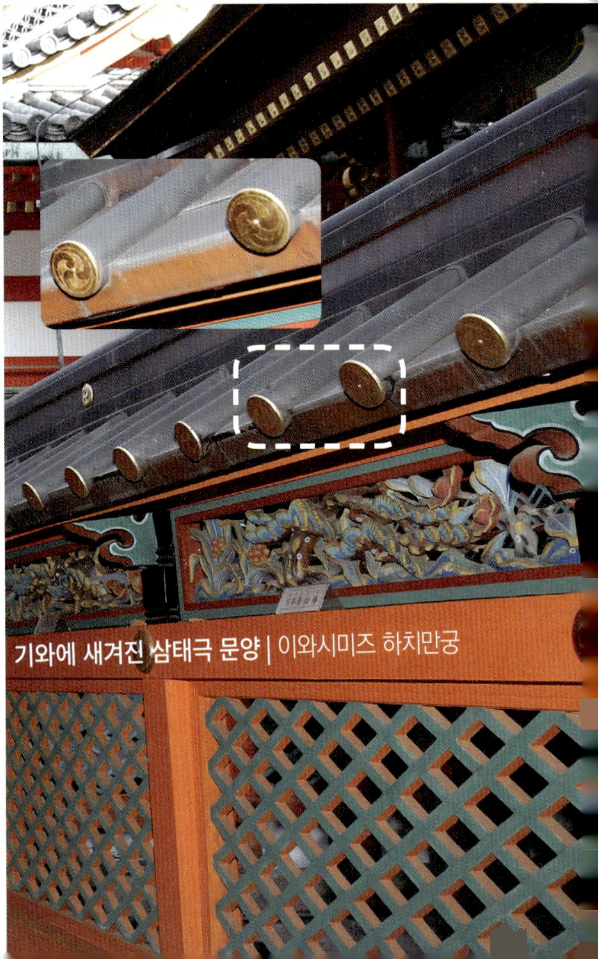

**기와에 새겨진 삼태극 문양** | 이와시미즈 하치만궁

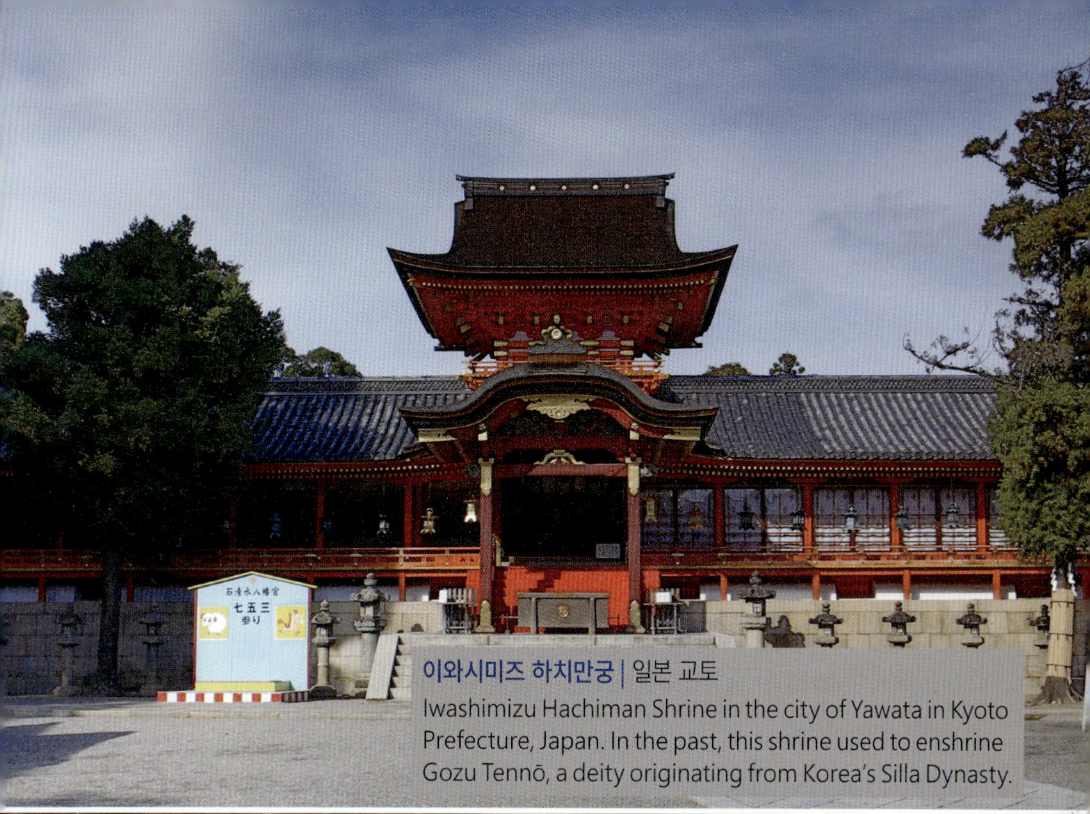

이와시미즈 하치만궁 | 일본 교토

Iwashimizu Hachiman Shrine in the city of Yawata in Kyoto Prefecture, Japan. In the past, this shrine used to enshrine Gozu Tennō, a deity originating from Korea's Silla Dynasty.

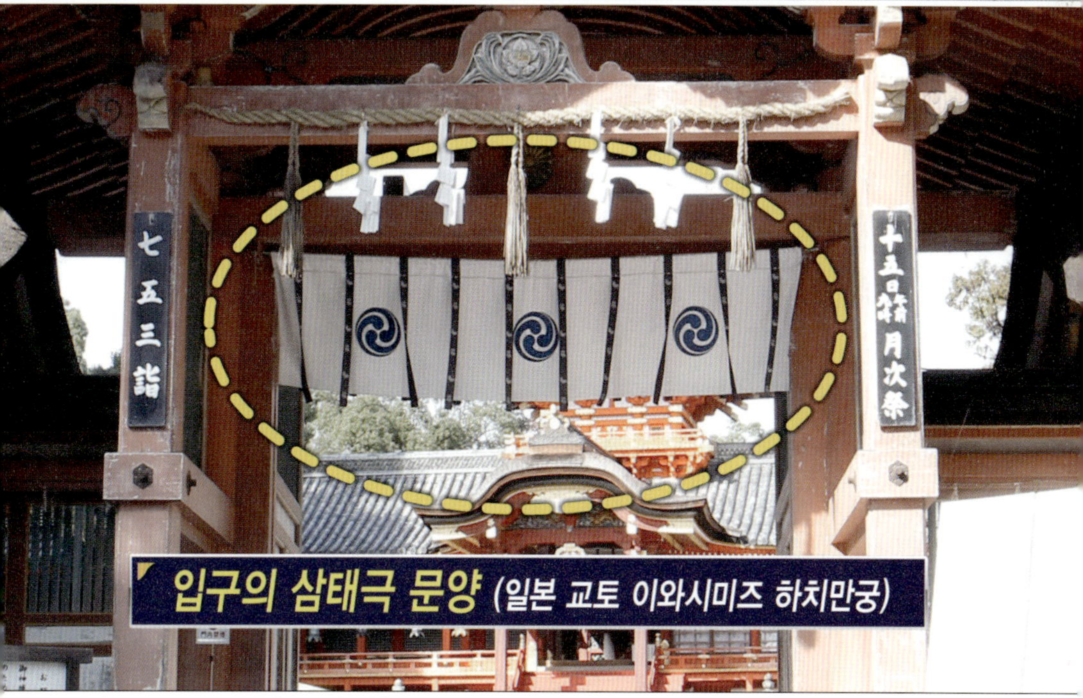


Three instances of a symbol featuring three swirls, known as the Taegeuk (CH: Taiji) symbol, at the entrance of the Iwashimizu Hachiman Shrine.

원방각圓方角은 기하 구조입니다. 천일 지이 인삼에서 보면, 하늘, 곧 천일이라는 것은 무한한 생명과 진리의 보편성, 원만함을 상징해서 원으로 이야기하고 있습니다. 그다음에 어머니 땅은 음이니까 상하좌우 두 개씩 짝을 이루는 방정한 사각형으로 얘기합니다. 아버지의 하늘 마음, 그 생명성은 원만하고, 어머니의 생명의 본성, 지구 어머니의 품은 그 기운이 반듯하다는 것입니다.

그럼 사람은 무엇인가? 그것을 정삼각형으로 상징합니다. 우리들의 삶의 목적, 가장 올바른 그 진리의 가치관을 향해서 죽는 순간까지 힘차게 일로 매진해야 된다고 하는 진리의 명령, 우리들의 생명의 본성, 그것이 바로 정삼각형의 정신에 있는 것입니다. 그럼 그 정신은 무엇인가? 여기서 바로 삼위일체三位一體의 문제가 나옵니다. 이것이 **삼신일체三神一體**의 도입니다. 삼신상제의 문제입니다.

삼신상제님은 이 세상의 만왕의 근원이시고, 지구촌 모든 국가와 민족의 역사와 삶과 죽음을 다스리시는 우주 통치자이십니다. 삼신상제님이 계십니다. 이것은 종교에서 말하는 무슨 단순한 신의 문제가 아닙니다. **역사학의 근본, 역사학이 추구해야 할 궁극의 인식의 문제**이기 때문에 『환단고기』에서는 이 사실을 항상 소중하게 여기고, 매우 중요한 역사학의 명제로써 강조하고 있습니다.

이 우주와 인간이 진정으로 하나 되는 **환국의 광명光明의 도**를 우리에게 전해 주신 분이 커발환 초대 환웅입니다. 그 광명의 도가 바로 **신단수神壇樹문화**입니다. 우주 삼신의 신성을 받는 살아있는 삼신, 하늘과 땅과 인간이 하나인 경계에서 우주의 영원무궁한 생명의 신성을 내려받는 예식을 환웅천황께서 동방의 우리 한민족에게 내려주셨습니다. 이분의 존호가 커발환입니다.

Across cultures, ancient artifacts express this understanding of the divine triad through geometric symbolism. The circle represents Father Heaven's infinite wholeness, the square embodies Mother Earth's stable foundation, and the triangle depicts humanity as the bridge between the celestial and terrestrial realms. This ancient wisdom presents heaven, earth, and humanity as three facets of a singular divinity, calling us, as active participants in this cosmic triad, to awaken the divine light within and unite ourselves with both Father Heaven and Mother Earth.

This sacred triad reaches its highest manifestation in Samsin Sangjenim, "the Sovereign of Heaven Who Is the Holy Triad." Presiding over the entire cosmos while guiding human destiny, Sangjenim embodies the sacred virtues of heaven, earth, and humanity. True leadership, this ancient wisdom reveals, must flow from a profound attunement to this divine source.

Emperor Hwanung, the founder of the Baedal nation, brought this spiritual ideal to life through his leadership and vision. His title, 'Keobalhwan,' reflects this triadic wisdom, containing three morphemes: *keo* (大, "greatness"), *bal* (圓, "inclusiveness"), and *hwan* (一, "unity"). Together, they express how the three realms of heaven, earth, and humanity form one Holy Triad (Samsin) that is infinitely vast, perfectly harmonious, and eternally unified.

배달의 초대환웅이신 커발환 환웅 | 황해도 구월산 삼성사 진영
Portrait of Emperor Hwanung enshrined at the Temple of Three Sages on Mt. Guwol in Hwanghae Province, North Korea.

'커발환'의 정신을 대원일大圓—이라고 하는데, 하늘과 땅과 인간, 이 삼극三極은 살아있는 조물주 삼신, 창조신으로서 한없이 크고[大], 원만하고[圓], 언제나 한순간도 떨어지지 않고 일체 관계에 있다[—]는 것입니다. 이것이 삼대·삼원·삼일 사상인데 이것을 줄여서 삼일사상, 삼일심법이라고 합니다.

인간의 본래 마음, 본래 신성, 불가에서 말하는 부처의 마음, 법성, 불성, 심체라는 것은 바로 천지부모와 하나 된 마음입니다. 일체된 마음입니다.

삼수문화에서 보면 하늘에는 삼신三神, 땅에는 삼한三韓, 인간 몸에는 삼진三眞이 있다고 합니다. 세 가지 참된 것, 삼진입니다.

| 하늘 | Heaven | 삼신三神 | Samsin | "Triune God" |
|---|---|---|---|---|
| 땅 | Earth | 삼한三韓 | Samhan | "Three-State System" |
| 사람 | Humanity | 삼진三眞 | Samjin | "Three Treasures" |

하늘의 삼신이 인간 몸속에 내려와(삼진) 실제 작동할 때는 삼혼으로 하게 됩니다. 『환단고기』에는 인간의 의식작용은 세 가지가 있다고 합니다.

그것이 바로 영으로 아는 영식靈識, 그 다음에 무엇을 배워서 아는 지식智識, 그리고 마지막으로 의식意識인데, 이 의식은 사물을 보고 듣고 하면서 끊임없이 생각이 일어나고 멸합니다.

**| 인간의 세 가지 의식작용 |**

삼식三識
- 영식靈識  영이 환히 열려서 아는 것
- 지식智識  배워서 이성적으로 아는 것
- 의식意識  사물을 접해서 보고 듣고 생각하는 것

To manifest this cosmic unity within the human world, Emperor Hwanung conducted sacred ceremonies beneath a holy tree to honor Samsin Sangjenim, establishing the rites of communion with heaven and earth. He taught that through these rituals of oneness, we align ourselves with the eternal life-force of heaven and earth, thereby awakening to our true nature as divine and eternal beings.

This same triadic structure, once embodied by Hwanung, later expanded into the very foundation of the state itself. After the decline of Baedal, Joseon was established as a tripartite federation known as 'Samhan,' and its vast territory was divided into three governed regions: Jinhan in Manchuria, Mahan on the Korean Peninsula, and Beonhan in the Liaoxi and Shandong regions.

Perhaps most profound is how this cosmic pattern is reflected within human consciousness itself. The human body contains the Three Treasures (Samjin), the fundamental components of our cognitive functions. *Hwandan Gogi* describes these as:

**Perceiving consciousness**: This faculty generates sensory perception and guides our basic thought processes.

**Intellect consciousness**: This aspect engages in the acquisition and integration of knowledge.

**Spirit consciousness**: Linked to the deeper self, this awareness perceives realities that transcend physical and rational understanding.

이 세 가지 식작용을 삼혼으로 말하면 생혼, 각혼, 영혼입니다. 사람에게는 혼이 세 가지로 작용을 합니다. 영혼靈魂은 문자를 모르고 학교를 안 다녔어도 영이 밝으면 백리, 천리, 만리, 지구 저 밖에 누가 있는지, 무슨 사건이 터지고 있는지를 다 봅니다. 이것은 직관의 영역입니다.

늙어 나이가 들면 이 영대를 밝히는 공부를 해야 합니다. 누구도 수행을 해야 되는 것입니다. 동방 한국의 9천 년 문화 역사 속에 이 영성문화가 일관되게, 도도히 흐르고 있습니다.

| 혼魂의 세 가지 작용 |

삼혼三魂
- 생혼生魂　끊임없는 의식작용
- 각혼覺魂　지식체계 속의 깨달음
- 영혼靈魂　영적 직관의 영역

또 하나는 각혼覺魂인데, 언어와 지식을 통해 묻고 답하면서 지식 체계 속에서 깨치고, 깨닫는 것을 본성으로 하는 혼입니다. 그리고 생혼生魂은 현실에서 끊임없이 생각들이 생멸하는 의식의 혼입니다.

영 지 의 삼 식　　즉 위 영 각 생 삼 혼
靈智意三識이 即爲靈覺生三魂이나…

영과 지혜와 뜻으로 아는 세 가지 앎[三識]은
곧 영혼·각혼·생혼 삼혼三魂의 작용이지만 … (삼신오제본기)

혼 지 유 생 유 각 유 령 혜
魂之有生有覺有靈兮여…
삼 혼 고　　지 생　　가 이 쌍 수
三魂故로 智生을 可以雙修오

혼魂에는 생혼生魂·각혼覺魂·영혼靈魂이 있고 …
삼혼三魂이므로 지智와 생生을 함께 닦을 수 있고 … (다물흥방지가)

These three forms of consciousness correspond to three types of soul:

**The producing soul**: Recognizes the constant creation and dissolution of forms and ideas.

**The awakening soul**: Enables knowledge acquisition through language and structured systems of learning.

**The spirit soul**: Closely connected to intuition, it allows for the perception of events far beyond physical proximity, even across thousands of miles or beyond the physical world. Notably, this ability does not depend on literacy or formal education. Instead, it is cultivated through meditation—a 9,000-year-old practice our ancestors used to awaken and illuminate the spirit soul.

> "The three consciousnesses—spirit consciousness, intellect consciousness, and perceiving consciousness—correspond to the three souls: the spirit soul, the awakening soul, and the producing soul."
> (The "Triune God and the Five Emperors" chapter of *Taebaek Ilsa* of *Hwandan Gogi*)
>
> "There are three souls: the spirit soul, the awakening soul, and the producing soul. [...] This triad allows for the cultivation of both the mind and the body."
> (The "Annals of Goguryeo" chapter of *Taebaek Ilsa* of *Hwandan Gogi*)

그래서 하늘에는 삼신, 인간 몸속에는 삼혼, 세 가지 의식작용이 있고, 땅에는 삼한이 있어서 환국 배달을 계승한 단군왕검이 만주의 진한, 한반도 전체 마한, 요서, 산동성, 그리고 그 아래쪽까지 포괄하는 번한으로 나라를 나눠서 통치한 삼한 체계가 있었던 것입니다.

우주 수학 원전을 정리하면, 우주의 가장 지극한 삼극, 모든 생명의 바탕이 되는 하늘과 땅과 인간은 전부 음양 운동으로 생성되어서 존재한다는 것입니다. 하늘에 일월이 있고, 땅에는 일월이 쏟아낸 수화水火, 물과 불기운이 있고, 사람에게는 심장과 신장 등 오장육부가 있습니다.

2와 3은 실제 천지 인간의 질서 시스템으로 보면 바로 **오육五六운동**입니다. 하늘에는 **오운육기五運六氣**가 있고, 땅에는 오대양 육대주가 있고, 사람 몸속에는 **오장육부五臟六腑**가 있습니다. 인간의 정신의 요소도 다 오장육부에 있습니다. 동양 문화에서는 오장육부를 말할 때, 심장은 신神, 스피릿 spirit, 각자의 정신의 신이 사는 집이고, 혼[영혼]이 사는 집은 간이라고 합니다. 인간의 오장육부에 정신 요소가 다 있습니다. 이 오육운동을 어려운 말로 **십일성도十一成道**라고 부릅니다.

| 천지와 인간의 5·6운동 |

| | |
|---|---|
| 하늘 | 5운 6기 |
| 땅 | 5대양 6대주 |
| 사람 | 5장 6부 |

This universal principle of the triad, manifested in heaven, earth, and the human spirit, operates through the dance between the 'Two' and the 'Three':

天二三地二三人二三

Based on Two, Heaven changes under Three.
Based on Two, Earth changes under Three.
Based on Two, Humanity lives under Three.

'Two' in these verses represents the fundamental duality of yin and yang that animates all existence. In heaven, sun and moon alternate in cosmic rhythm. On earth, fire and water energies sustain all life. Within humans, five yin organs and six yang organs maintain physiological balance.

The interplay between this duality (Two) and the trinity (Three) generates the patterns of five and six. Celestial forces operate through the cosmological principles of five movements and six cosmic energies, while the earth is structured into five oceans and six continents. Within us, this same rhythm is mirrored in the five yin organs and six yang organs.*

| Heaven | Five movements and six forces |
| --- | --- |
| Earth | Five oceans and six continents |
| Humanity | Five viscera and six bowels |

* Eastern philosophy posits that our internal organs encompass emotional, mental, and spiritual dimensions. Notably, the heart governs our conscious spirit—the seat of awareness and wisdom—while the liver preserves the ethereal soul, our source of intuition and spiritual vision.

대삼합육大三合六, 큰 삼, 대삼이 합이 될 때 여기서 육이 나옵니다. 하늘과 땅과 인간이 하나가 될 때, 우리의 큰마음이 열릴 때, 여기서 진정한 우주의 생명수, 육수六水가 열립니다.

하도를 보면 북방 1.6 수水인데 오행의 이치로 1수水는 무형의 통일의 기운이고, 6은 현상화된 물입니다. 우리가 날마다 마시는 생명수, 우리 몸에 수승화강이 되어서 도는 수기水氣, 이 물의 구조가 육각형이라는 얘기를 하지 않습니까?

자연에는 6의 비밀이 많습니다. 우리 인간의 삶의 목적, 우주의 목적이 삼합의 개념에 있습니다. 삼합을 이룰 때 우주의 영원한 생명수, 6수가 생성됩니다. 그래서 일시무시일에서의 1은 우주창조의 본체이고, 6은 실제적인 우주 생명의 영원한 주체로 구분할 수 있습니다.

대삼합육 다음에 생칠팔구生七八九가 전개됩니다. 우주통치의 사령탑인 북녘 하늘의 별이 칠성이고, 우리 얼굴에도 일곱 개의 구멍이 있습니다.

이제 하경에서 마무리 하겠습니다.

**물을 얼린 결정 모양 |**
In ice crystals, water molecules arrange themselves in a hexagonal structure.

大三合六生七八九

The Great Three unite into Six,
>    which then gives rise to Seven, Eight, and Nine.

This union of the Great Three—the perfect alignment of heaven, earth, and humanity—reaches its fulfillment within the human vessel. Through this alignment, we produce Six, the life-giving water* energy that sustains internal harmony. From this foundational unity emerges the continued cosmic unfolding through Seven,** Eight, and Nine, each representing successive levels of cosmic manifestation.

---

* As noted in the Hado diagram, the numbers one and six, placed in the north, represent water (水, winter). The number one signifies formless water energy, the unifying energy, while six represents tangible water energy. Just as water is essential for physical life, so too is this water energy vital in sustaining internal harmony. In meditation practices, a key principle for health involves circulating water energy from the kidneys upward to cool the head, while directing the heart's fire energy downward to warm the abdomen. Notably, the molecular structure of water is hexagonal, highlighting the foundational role of the number six in the natural world.

** The number seven holds great significance in various contexts. In the sky, the seven stars of the Big Dipper oversee life and the cosmos as a celestial "control tower." In the human body, there are seven orifices in the head—two eyes, two ears, two nostrils, and the mouth—through which we receive sensory input and construct our perception of reality.

## 본심본태양 앙명 인중천지일

이제 본심본태양本心本太陽 앙명昂明을 봅시다. 다시 인간의 근본 마음으로 왔습니다. 한없이 밝다. 얼마나 밝을까요? 이 우주를 채우고도 남는 광명입니다. 어떤 이는 이런 질문을 합니다. "아니, 태양이 눈부셔서 보지 못하는데 어떻게 그런 광명을 비교할 수 있습니까? 그것이 적절한 비유입니까?" 그것은 천일 지이 인삼의 비밀입니다. 하늘의 광명은 양광입니다. 태양이 그렇습니다. 눈부셔서 못 보는 것입니다.

어머니의 광명은 지이地二, 음광입니다. 달빛과 같은 것입니다. 달은 지구하고 붙어 있습니다. 하늘에 뜬 아름다운 황금빛 보름달을 보고 '야, 참 아름답구나.' 하고 탄성을 냅니다. 정말 생명, 신비, 자연, 아름다움, 이런 모든 가치를 한마음으로 한순간에 느끼게 하는 것이 아름다운 달빛입니다. 광명에도 이렇게 양광과 음광이 있습니다.

그런데 사람은 인삼人三입니다. 사람 몸에는 우주의 양광과 음광이 통합이 되어 있습니다. 이런 깨달음을 신선이 되어서 우주 도통의 경계에서 노래한 사람이 당나라 8대 신선의 한 사람인 여동빈呂洞賓입니다. 그의 저작으로 알려진 『태을금화종지』라는 책을 빌헬름이라는 사람이 20세기 초엽에 독일로 가지고 가서 독일 말로 번역했는데 태을太乙을 알 수가 없으니까 그냥 생략하고 『The Secret of the Golden Flower』, '황금 꽃의 비밀'이라고 해서 태을을 빼먹었습니다.

**여동빈**呂洞賓 | 당나라 8대 신선의 중심 인물
A sculpture of Lü Dongbin.

**독일어판 『태을금화종지』** | 리하르트 빌헬름(1873-1930) 번역
A German edition of *The Secret of the Taeeul's Golden Flower*. The translator, Richard Wilhelm, omitted "Taeeul's" in the German-language title.

The Radiant Mind: Achieving Unity with Heaven and Earth

本心本太陽昂明

The basis of the universe is the mind,
    which shines radiantly like pure yang.


人中天地一

Humanity, penetrating the mind of heaven and earth,
    attains the Ultimate One.


Having traced the path of 'One' as it unfolds into the vast complexity of the universe, we arrive at *Cheonbu Gyeong*'s ultimate teaching: the luminous nature of human beings themselves.

According to this ancient wisdom, humans possess an innate radiance. Just as heaven expresses the brilliant yang light of the sun, and earth embodies the gentle yin light of the moon, human beings encompass both. We inherently embody the full spectrum of cosmic illumination, even if this inner radiance remains unrecognized.

*Cheonbu Gyeong* thus restores the true essence of the human identity: we are not mere fragments drifting in the cosmos, but beings who are innately whole. By 'penetrating the mind of heaven and earth' and aligning with the consciousness of Father Heaven and Mother Earth, we merge with their boundless radiance. In this state, we become ultimate individuals—attaining the 'Great One' and bringing all endeavors to fruition on this physical plane.

태을! 이것이 천부경 9천 년 역사의 최종 결론입니다.

궁극의 인간의 조화라는 것이 인중천지일입니다. 인간 삶의 목적은 천지부모의 모든 생명성, 신성, 그리고 대광명, 그 큰마음, 이것을 뚫어펜다는 중中 자에 있습니다. 천지일의 일이라는 것은 하나가 된 사람, 진정으로 천지부모와 하나 된 사람을 말합니다. 이것을 태일太一이라고 합니다.

이 태일문화가 북두칠성 문화에서 온 것입니다. 우리 조상들은 그 문화를 관통했기 때문에 상투를 틀었습니다. 그런데 예전의 동서양을 살펴보면 천자국의 왕 중 상투를 튼 사람들이 그렇게 많았습니다.

우주 정치를 하시는 우주의 통치자 상제님, 이 천상의 하나님이 계신, 또 내 몸과 마음, 생명의 근원의 별인 북두칠성. 이 북두칠성의 상제님, 하나님과 내 마음을 하나가 되게 해서 산다는 것입니다. 그 주파수를 헝클어지게 하지

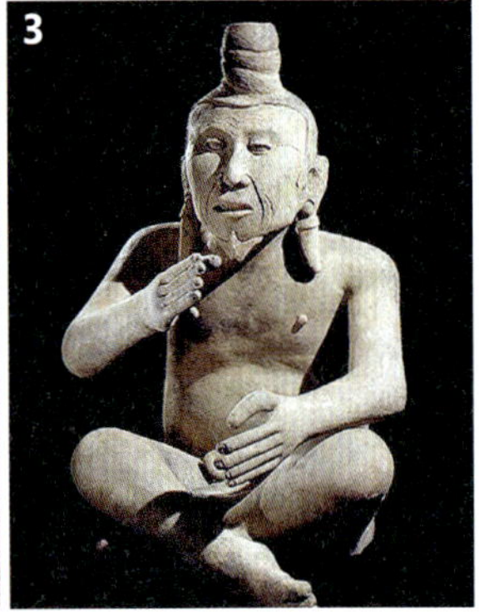

❶ 나라이 대왕 라마티보디 3세(1,666~1,688년).
태국 국립역사박물관
❷ 상투를 한 석가모니. 마투라시 주립박물관
❸ 마야의 상투머리 인형
1 Statue of King Narai (1656–1688), also known as 'Ramathibodi III,' displayed in Bangkok National Museum.
2 Shakyamuni Buddha Stele in the Mathura Museum, India, depicting Buddha wearing a *sangtu* topknot hairstyle.
3 A Mayan figurine wearing a *sangtu* topknot hairstyle.

This state of spiritual completion has been echoed throughout history. Lü Dongbin, the Tang Dynasty master, used the term 'Taeeul' (太乙, "the great One")[*] to describe this primordial unity with the source of the cosmos. Traditionally, this 'source' was understood as a celestial reality. Ancient peoples recognized the Big Dipper and the North Star as the cosmic fountainhead of this radiance, the dwelling place of Samsin Sangjenim (the Supreme Being). From this celestial center, the divine light of mind and body flows into all existence.

This vertical alignment with the divine was physically manifested in the ceremonial attire of ancient sovereigns: from the sacred topknots (*sangtu*)[**] of Korean rulers to the conical golden headdresses of European

---

[*] The term 'Taeeul' (太乙, "the great One") is central to the spiritual system of Lü Dongbin's treatise, *Taeeul Jinhwa Jongji* (太乙金華宗旨). Notably, when the scholar Richard Wilhelm first introduced this work to the West in 1929, he omitted the most vital word, 'Taeeul,' from the title, translating it into German as *Das Geheimnis der Goldenen Blüte* ("*The Secret of the Golden Flower*"). This small omission had a big impact: it obscured the metaphysical truth that the 'Golden Flower' of our spirit is rooted in "the great One."

[**] The Korean term *sangtu*, which refers to the topknot hairstyle, is derived from *sangdu* (상두, 上斗). *Sangdu* can be literally translated as either "Big Dipper in the sky" or "Big Dipper on top of the head."

Assyrian kings wearing *sangtu*-style head gear.

않겠다는 것입니다. 그래서 여기 머리 위에 상투를 튼 것입니다. 천상의 북두칠성, 상두上斗, 그것이 상투의 본래 말입니다.

독일의 노이스 박물관에 가는 이유가 하나 있는데, 여기는 이것 하나를 보기 위해서 가는 겁니다. 지금부터 한 3, 4천 년 전에 제사장들이 머리에 이것을 썼습니다. 바로 **황금으로 만든 깔대기처럼 생긴 모자**입니다. 그런데 천문을 관측한 기록을 그 모자에 다 기록해 놓았습니다. 그 이유는 바로 상투, 상두문화 때문입니다. 전시된 곳에 가보면 색조를 살리기 위해서 어둠으로 분위기를 참 잘 잡았어요. 그 모자 주위를 돌면서 적힌 기록물을 보는데 깊은 상념에 잠기게 되었습니다.

priest-kings. These were worn as a solemn vow to remain anchored to the Big Dipper and the North Star. By aligning their physical form with this celestial axis, they sought to connect their inner light to the sovereign heart of the universe itself.

In an age of disconnection, *Cheonbu Gyeong* serves as an enduring compass, reminding us that we carry an infinite luminosity within. To recognize this light is to reclaim our rightful place in the cosmic order: returning to the 'One' from which we came.

**3~4천년 전 황금 깔때기 모자** | 독일
Conical golden hats from Europe dating back 3,000–4,000 years.

# 제3장

# 천부경 강독의 결론

자, 이제 천부경 강독의 결론을 짓는 시간입니다.

천부경은 미래 경전이라는 깊은 뜻이 있습니다. 천부경은 우주 창조의 근원, 인간과 문명, 역사의 현주소와 미래, 그 목적지를 언제나 강조하고 있습니다. 그것이 일적십거에서 전하는 앞으로 올 **십수 시대의 한 소식**입니다.

19세기 동학과 정역 사상에서 무극·태극·황극, 이 삼극으로 우주 본체론이 전개 되는데 그것은 우주를 움직이는 생명의 거대한 근원이라는 것이 셋이라는 것입니다. 하나님의 생명은 3수로 구성되어 있다는 것을 상징하고 있습니다.

### 복희팔괘, 문왕팔괘, 정역팔괘의 성립

이제 오늘 말씀의 실제적인 결론을 간단히 정리해 보겠습니다. 천부경, 하도 낙서에서 복희팔괘, 문왕팔괘, 정역팔괘가 나왔습니다.

복희팔괘는 천지 만물을 낳는 우주의 마음을 그려주고 있습니다. 하늘 아버지 땅 어머니, 건곤이 정 남북에 있고 정 동서에 물과 불로 감괘, 이괘가 위치해요. 건곤감리乾坤坎離가 이렇게 사정방에 있습니다. 이게 사정방, 우주의 원십자입니다.

# *Gaebyeok:* The Dawning of a New World

## Three Sequences and the Coming Transformation

*Cheonbu Gyeong* serves as humanity's roadmap to its ultimate destination, revealing the trajectory of civilization and the profound transformation that awaits. Over millennia, this roadmap has been interpreted through three distinct arrangements of the Eight Trigrams, each marking a pivotal stage in the evolution of human wisdom.

The first interpretation was provided by the sage Bokhui, representing the primordial order. In this arrangement, the Heaven trigram (Father) is placed at the top (south), the Earth trigram (Mother) at the bottom (north), Fire (Second Daughter) on the left (east), and Water (Second Son) on the right (west), forming a symmetrical and balanced interplay of yin and yang forces.

The second interpretation was developed by King Wen, whose arrangement of the trigrams forms the structural basis of the *I Ching* (the "*Classic of Changes*"). This sequence depicts the dynamic flow of cosmic energy, reflecting the era of growth and complexity that defines our current civilization. In this arrangement, Water is placed below (north), Fire above (south), Thunder (First Son) in the east, Lake (Third Daughter) in the west, and Mountain (Third Son) in the northeast. Commenting on this second arrangement, Confucius later highlighted the symbolic manifestation of the Mountain trigram in the northeast. He explained this configuration as illustrating how "the Lord on High

그런데 문왕팔괘를 보면 우주 여름철에는 물과 불이 정남북에 자리 잡고서 중남중녀中男中女, 감리가 아버지 어머니를 대행합니다. 그리고 동쪽은 진방震方, 서쪽은 태방兌方, 장남과 막내딸이 자리하고 있습니다.

그런데 우주의 가을철에는 동북아에서 지금까지의 인류 문명사가 모두 마무리된다는 겁니다. 그것이 주역에 있는 간艮이 바로 동북문화의 역사 정신입니다.

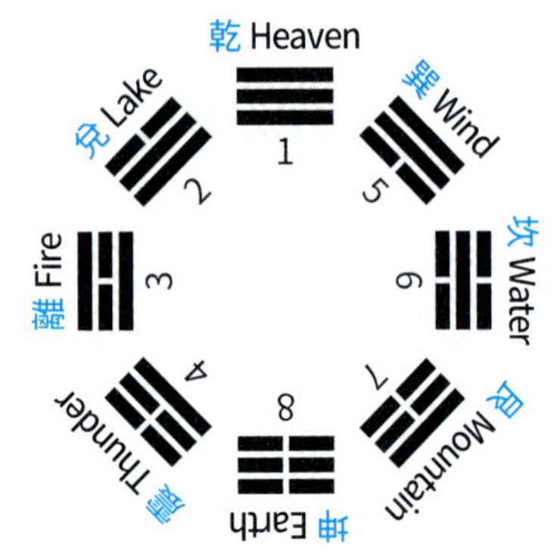



| 복희팔괘도 |
Bokhui's sequence
of the Eight Trigrams.

종어간시어간終於艮始於艮, 동북 간방에서 지나온 선천의 한 시대 역사가 마무리되고, 여기서 새로운 출발점을 갖는다는 것입니다. 그래서 성언호간成言乎艮, 모든 성자들의 깨달음이 이 동북 간방에서 완성이 된다는 것입니다. 인류를 성숙의 길로 이끄는 가을철 문명의 새로운 가르침이 바로 이 동북아에서 나옵니다.

간     동 북 지 괘 야     만 물 지 소 성 종 이 소 성 시 야
艮은 東北之卦也니 萬物之所成終以 所成始也일새
고     왈 성 언 호 간
故로 曰 成言乎艮이라!
(『주역』「설괘전」)

이것이 우주 수학과 그것을 음양의 상징 언어로 그려낸 복희·문왕·정역 팔괘의 최종 결론입니다. 그래서 정역팔괘를 보면 정 남북에 아버지 어머니, 건곤괘가 위치하고, 정 동서에는 간괘 막내아들과 태괘 막내딸이 자리 잡고 있는 것입니다. 그렇게 되면 우주의 정 동서남북의 틀이 바뀌게 됩니다.

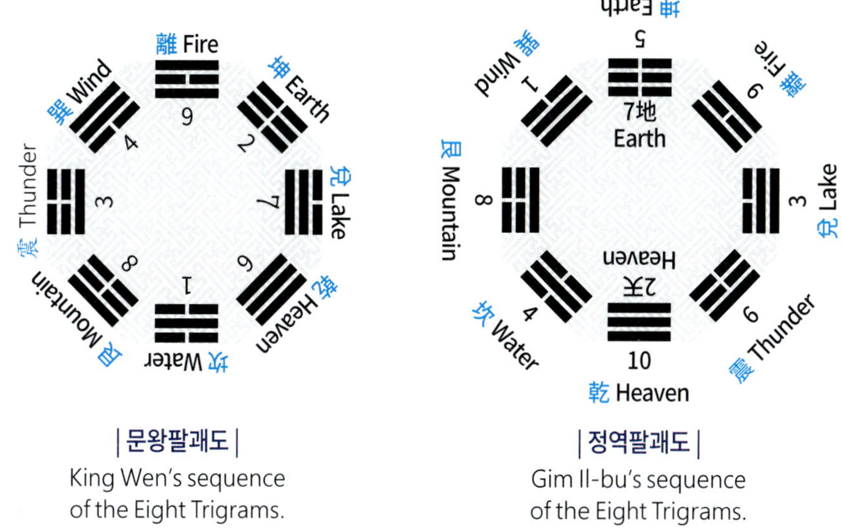





| 문왕팔괘도 |

King Wen's sequence
of the Eight Trigrams.

| 정역팔괘도 |

Gim Il-bu's sequence
of the Eight Trigrams.

Note: In Gim Il-bu's sequence, labels face inward to symbolize the convergence of cosmic energy.

causes things to reach final maturity,"[*] using the Mountain trigram as a symbol for stillness and the culmination point where development ends and new beginnings subtly form.

Building on these insights of his predecessors, nineteenth-century Korean philosopher Gim Il-bu (1826–1898) proposed a third arrangement in his work *Jeong-yeok* ("*The Right Change*"). This final reinterpretation presents the symbolic image of the cosmos in its perfected state, where all things have finally arrived at their rightful positions.

In this matured order, Heaven and Earth return to the north and south axis, while Mountain and Lake occupy the east and west. This configuration reflects a world renewed by the Lord on High, a sacred vision of *gaebyeok* (cosmic transformation), where past struggles resolve into ultimate harmony and cosmic maturity.

---

* Translation by Richard J. Smith, from "The Book of Changes as a Mirror of the Mind: The Evolution of the Zhouyi in China and Beyond" paper for the Fourth International Conference of Analytical Psychology and Chinese Culture, Fudan University, Shanghai, PRC (April 10–12, 2009).

## 진정한 근대사의 출발점, 동학

근현대사의 문을 연 동학에서 바로 이 위대한 가을 문명시대의 도래를 선언했는데, 근대사가 완전히 왜곡·조작 되어버렸습니다.

동학의 창시자 최수운 대신사가 경주 용담정에서 경신(1860)년 4월 5일, 도통을 받았는데, 그 후 이 분이 선언한 세 가지 메시지 가운데 하나가 '무극지운 닥친 줄을 너희 어찌 알까보냐', 무극無極의 세상이 곧 열린다는 것입니다. 천부경에서 일—과 무無를 말하는데 미래적으로 가을철의 우주 생명력을 무, 또는 무극으로 얘기합니다. 그것을 숫자로는 10으로 나타냅니다.

그 세 가지 메시지 가운데 두 번째가 9천 년 동안 동북아 민족, 한국과 또 중국, 일본을 비롯해 지구촌의 모든 주요 문명국의 임금님들이 천상의 우주 정치를 하시는 천신에게 천제를 올렸는데, 바로 그 절대자 하나님이 동방 땅에 오신다는 것입니다. 전 세계 피라밋 문화는 모두 9천 년 전 환국의 천제문화에서 나왔습니다. 그리고 최수운 대신사가 천신의 강세를 전하며 부른 우주의 노래가 '시천주조화정侍天主造化定 영세불망만사지永世不忘萬事知'입니다.

**경주 용담정** | The Dragon Lake Pavilion, where Choe received divine revelations from Samsin Sangjenim.

This cosmological reinterpretation reflected a broader nineteenth-century Korean revival of ancient wisdom. While Gim Il-bu developed his insights through disciplined cultivation and inquiry, a parallel spiritual movement was emerging that would become known as 'Donghak.' Both recognized the signs of *gaebyeok's* impending transformation.

## Donghak and the Vision of Renewal

The Donghak ("Eastern Learning")[*] movement emerged in late nineteenth-century Korea. Its founder, Choe Je-u (1824–1864), proclaimed  the dawn of a new world through his sacred chants and teachings: "People of the world, can you not perceive that the Destiny of Mugeuk is upon us?"[**] In this context, Mugeuk (The Boundless) represents the ultimate stage of cosmic maturity. It marks the return to the *mu* (無), rendered in our translation of *Cheonbu Gyeong* as "Nothingness." Yet, this is no empty void; it is the Infinite Source from

최수운 대신사 | 1824~1864
Choe Je-u (1824–1864), the founder of Donghak.

* Donghak was a late nineteenth-century reform movement and philosophical school in Korea. It was founded after Choe Je-u (also known by his honorific, 'Su-un') experienced a profound spiritual awakening through an encounter with Samsin Sangjenim, the Sovereign of Heaven. This pivotal event, which took place in 1860 at the Dragon Lake Pavilion in Gyeongju, catalyzed a movement aimed at universal renewal. A central pillar of Donghak was the proclamation that this Divine Sovereign would personally appear in human form to usher in a new epoch of transformation for heaven, earth, and humanity.
** From *The Hymns of Dragon Lake* (용담유사龍潭遺詞, in Korean, 1881).

## 최수운이 받아 내린 우주의 노래

시 천 주 조 화 정 영 세 불 망 만 사 지
**侍天主 造化定 永世不忘萬事知**

지구촌에 있는 모든 학문과 서책을 도통했다 할지라도 이 열 석 자를 모르면 그것은 지식이 아니고 깨달음이 아닙니다. '열 석 자 지극하면 만권시서萬卷詩書 무엇하리'라는 최수운 대신사님의 말씀이 있습니다.

그리고 세 번째 메시지이자 결론은 '십이제국 괴질운수 다시개벽 아닐런가.' 즉 **개벽**이 온다는 것입니다.

지난 환국 배달 조선, 그리고 사국 시대, 남북국시대를 지나 고려, 조선왕조를 거치면서 지금 우리는 남북분단 시대를 살아가고 있습니다. 이 9천 년 역사문화의 최종 결론이 동학문화입니다. 동방을 배우라는 것입니다. 동방의 문화와 역사의 근본 핵심, 그 정수를 깨달아야 합니다.

9천 년 역사 문화사의 최종 결론이 19세기 선언된 진정한 인류 근대사의 출발점, 동학과 참동학에 있습니다. 누구는 그런 얘기를 합니다. 왜 역사를 찾는데 종교 얘기를 하는가? 그것은 현 고대사는 근대사와 일체 관계이기 때문입니다. 이것을 뗄 수가 없는 것입니다.

동방의 지구촌 인류 문화의 원 큰집에서 이뤄낸 우주관, 인간관과 신관, 역사관을 우리가 회복할 때, 인류 미래문명 시대를 향해서 외친 근대사의 동학과 참동학의 새로운 역사 선언에 관심을 가질 수 있다고 봅니다. 1천만이 넘는 동학과 참동학의 구도자가 이 미래문명을 열고자 피 흘리며 희생을 당해야 했습니다.

우주 통치자의 그 통치정신과 지구촌 문화 역사를 만들어나가는 문화의 원형질, 원형정신, 이것을 오늘 천부경의 일시무시일一始無始一과 일종무종일一終無終一을 통해서 살펴보았습니다.

which 'One' first emerged and where its journey now reaches absolute fullness in the number 'Ten.' This sweeping shift in the cosmic order represents the final stage of *gaebyeok*, reconnecting humanity to its primordial origin and ushering in a new heaven and earth.

Choe's vision of *gaebyeok* was centered on the advent of the Lord of Heaven, the Supreme Being venerated for millennia across East Asia. He taught that this Divine Ruler would re-establish cosmic order by healing humanity of a mysterious spiritual affliction. The essence of this spiritual path was distilled into Donghak's most sacred incantation, the Sicheonjuju Mantra:

侍天主 造化定 永世不忘萬事知

*Si-cheon-ju Jo-hwa-jeong Young-se-bul-mang Man-sa-ji*
Serving the Lord of Heaven who determines the destiny
   of the Immortal Paradise of Creation-Transformation,
I will never forget, throughout all eternity,
   his infinite grace of bestowing enlightenment
   into all matters.

Choe emphasized the extreme spiritual weight of these thirteen syllables, asserting, "If you recite these words with utmost sincerity, what need will you have of ten thousand scriptures?"[*] He taught that even if one were to master all the scholarly knowledge in the world, without realizing the truth within these thirteen syllables, such learning would remain mere information, not true enlightenment.

## A Spiritual Compass for the Future

The nine-thousand-year journey of the Korean people, from Hwanguk to Baedal, from Joseon to the present day, stands as a spiritual compass for rediscovering Donghak. Often translated as "Eastern

---

[*] From *The Hymns of Dragon Lake* (용담유사龍潭遺詞, in Korean, 1881).

앞의 강론을 원론적인 진리 해석으로 묶어놓고, 어쩌면 그것을 다 잊어버리고 부정한다 할지라도 꼭 전하고자 하는 최종 결론 메시지 하나를 선언한다면 그것은 무엇일까요?

일시무시일과 일종무종일의 일을 모든 수의 근본, 일심, 일기, 또는 조물주 창조주 일신, 그 어떤 식으로 해석을 하든지 간에, 우리들이 지금 살아 숨쉬고 있는 바로 이 순간의 일시무시일 일종무종일 그 하나에 대한 진정한 해석은 바로 하나됨이라는 것입니다. 원니스Oneness. 통합입니다.

지금 남북 질서, 동북아 질서가 아주 강력한 전기점을 맞이하고 있는데, 앞으로 동학과 참동학의 가을우주 문명에 대한 새로운 문화 소식을 공부하셔서 우리가 서로 마음을 합하고 뜻을 합하는 진정으로 한 형제가 되어 멋진 미래 한국인으로 태어나시기를 진심으로 축원합니다.

Learning," Donghak invites us to explore the essence of East Asian philosophy, spirituality, and culture. Though the movement faced severe persecution and its vision remained unfulfilled, its spiritual fire was never extinguished. This legacy, consecrated by the lives of over ten million seekers, is carried forward today by Jeung San Do, which continues to share this vision with the world.

This vision resonates with a particular urgency in this era of unprecedented division and conflict in Northeast Asia. Jeung San Do provides essential guidance for transformation and renewal, embodying the Donghak spirit of *gaebyeok* and the dawning of a new world.

Guiding this vision is *Cheonbu Gyeong*, the ancient revelation composed of just eighty-one words. Its central message, the transformative return to primordial wholeness, calls for us to recognize our intrinsic oneness with heaven, earth, and one another.

Let us, then, align our hearts and minds, and embark boldly on our return to wholeness.

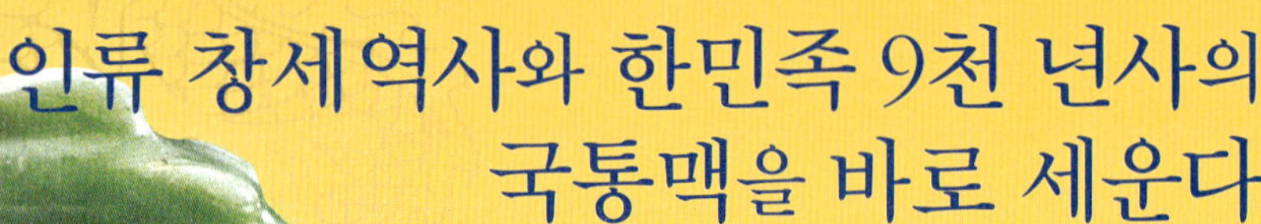


# 환단고기

【桓檀古記역주완간본】

『환단고기』위서론 시비에 종지부를 찍는다!

인류 원형 문화인 '삼신三神 문화' 시대의 종교, 정치, 우주관,
인간론, 통치원리, 언어, 음악, 건축 등
고대 문화 전수 비밀을 동북아 삼국(한중일)의 관계 속에서
총체적으로 밝히는 유일한 인류 창세역사 원전原典

**30년 지구촌 현지답사와 문헌고증. 알기 쉽고 정확한 완역본 최초 출간!**

편저 운초 계연수, 교열 해학 이기, 현토 한암당 이유립 | 안경전 역주 | 180×265 | 양장 | 1,424쪽 | 값 80,000원

# 누구나 쉽게 읽고 함께 감동한다!
## 다양한 판형의 『환단고기』 10종 출간

인류의 시원사와 한민족 9천년사의
국통맥國統脈을 바로잡는
신교 문화의 정통 도가道家 역사서의 결정판!

1. 역주본 『환단고기』: 원본 80,000원 | 축소판 65,000원
2. 현토본 『환단고기』: 원본 20,000원 | 축소판 18,000원
3. 보급판 『환단고기』: 28,000원
4. 『쉽게 읽는 청소년 환단고기』: 원본 25,000원 | 축소판 20,000원
5. 『온 가족이 함께 읽는 어린이 환단고기』: 원본 28,000원 | 축소판 18,000원
6. 포켓용 『환단고기』: 15,000원